世界的风景，就在我们眼中。

快意畅游

开始在法国
自助旅行

陈翠霏 ◎ 编著/摄影

北京·旅游教育出版社

游法国铁则

☑ **数字/手势比法不一样**
当我们语言不通的时候，手势就成了最佳的沟通方式，但国情不同，比画的手势也稍有不同，例如数字，别因此而多点了几碗饭啊！

☑ **一起吃饭各付各的**
除非事先讲好的邀请，否则一般法国人去餐厅吃饭大都习惯各付各的。如遇有共同点酒的状况则会平均分摊费用，小费则是随意给。

☑ **拍照拍小孩要经过父母允许**
法国人很注重隐私权，尤其是对小孩。虽然法国小孩很可爱，但要拍之前无论是大人或小孩，最好询问是否同意拍照。

☑ **要帮后面的人开门**
法国人有一个很贴心的习惯，就是会帮后面的人顶住门。无论是过地铁票闸或是大门，前面的人通常会自己出去之后，等后面的人进门才放手。

☑ **进入家里不脱鞋**
一般的法国人家里是不脱鞋的，这也是为什么家家户户都有擦脚垫。不过，如果去别人家做客，看主人穿室内拖鞋，还是要问一下主人是否要换拖鞋。

☑ **拜访做客要带小礼物**
如果受邀到法国人家里做客，礼貌上最好带个礼物前往。可事前询问女主人需要什么，是最可靠的方式，不然带瓶酒、一束花或是甜点，都是受欢迎的礼物。

☑ **浴室地上没有排水孔**
法国浴室的地上是没有排水孔的，洗澡时如果是在浴缸内，记得要将浴帘放进浴缸内，以防水往地上流。

☑ **不轻易探人隐私**

法国是个很重视隐私权的国家,和法国人相处应尽量避免询问有关个人生活的问题,如感情生活或个人收入,问这些问题会让法国人感到被冒犯。

☑ **一见面就来个法式亲吻**

朋友之间,法国人习惯以亲吻脸颊来打招呼。更复杂的是每个省份亲吻的次数都不一样,但大多以左右各一次最标准,只要以脸颊互碰触,嘴巴发出"啵"的声音,就很标准了。但如果是商业与工作关系,还是以握手为主。如果无法说服自己以法式亲吻打招呼,那么见人就伸出手来握手,是最简单且不失礼的见面招呼方式。

☑ **餐厅吃饭不打包**

在中国国内,如果在餐厅吃饭,吃不完的菜通常会请服务生打包带回家;而法国人却没有打包的习惯,因为如果点的餐吃不完,服务生大都会来询问,是不是餐点不好吃?为什么没吃完,等等。如果真要打包剩菜,在法国只有一种说法,就是:"请帮我打包,是要给我的狗吃的。"

终于实践 法国浪漫行
France

　　想去一个向往的国家很久了？怕语言不通到当地无法沟通？没办法，只好参加旅游团？一路下来只有跟着走、跟着看、跟着吃的份，完全接触不到当地文化。鼓起勇气想来个自助行，但资料难找，又对交通系统不熟悉，一路上战战兢兢、提心吊胆、灰头土脸，只想赶快回到自己熟悉的家乡！

　　如果旅行变成这样，还算是旅行吗？真正的旅行是从自助旅行开始的。

　　恐惧来自于无知。如果你对自助旅行跃跃欲试，又怕无法实现，这本导览书将是给你想去自助旅行的决心的一注强心剂。

　　法国是个美丽的国家，绝对不只有巴黎或普罗旺斯才值得一游，每次到法国各处旅游，总是会一次次地发现与惊叹，法国的景色是如此多变且优美。在法国自助旅行是一种单纯的快乐。法国各地不像巴黎的节奏如此快速，但与北京、上海等城市比较起来，巴黎又显得如此缓慢与悠闲。

　　在巴黎旅行并不是一件难事，因为大众运输网络发达，想要去的地方甚至步行就可到达。大可把导览书先收起来，随意地四处漫步，你可能会经过西蒙·波娃常去的咖啡厅、海明威伫讨的

公寓或雨果著作《巴黎圣母院》里的场景，甚至会遇上大罢工或大游行！对于罢工或游行，你也许会觉得厌烦，但套句前巴黎市长贝特朗·德拉诺埃（Bertrand Delanoë）说的话："罢工，也能体现巴黎的城市魅力之一！"

　　这是一本让你对法国不再感到遥远的书，它没有详细的景点历史说明，也不会告诉你一定要去哪里参观或是去哪家餐厅吃饭。相反，书中的大量图片是为了能让你对法国的衣食住行有具体的印象与了解，这样你来到法国也就可以不用为不熟悉环境而烦恼，而能更轻松自在地享受法国的人文、艺术与历史文化的熏陶。如果加上智能手机的帮助，那么旅行将会变得更顺畅。

　　法语不会说也不用慌张，如果没办法沟通，书中已经准备好基本的句子，直接指给对方看也可以，简单地用法语说声：谢谢［Merci(梅呵西)］、日安［Bonjour(崩如呵)］，自然法国人大都会耐心地和你沟通。

　　这次的最新版虽然因改版与资料更新几乎全部重写，而且花费了比预期还要长的时间，只希望读者在旅行时能获得与法国当地同步的资讯，让旅行更自在、愉快！

　　将此书献给我的家人与支持我的朋友，还有陪我一路走来的Philippe。

陈翠霏 CHEN Tsui-Fei

CONTENTS 目录

10 如何使用本书

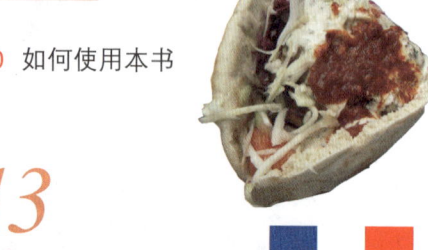

13
认识法国
法国，是个什么样的国家

14 法国小档案
17 法国印象

19
行前准备
出发前，要准备什么

20 要先搜集的资料
24 要准备的证件
28 出发前要做的功课

31
机场篇
抵达机场后如何顺利入出境

32 如何办理入出境手续
33 认识巴黎国际机场
36 如何从戴高乐机场到巴黎市区
41 如何从戴高乐机场到外省
42 如何从巴黎到戴高乐机场
44 如何办理出境手续与登机
45 基础法语
46 应用法语

47
住宿篇
住宿地点怎么选择、怎么找

48 选择合适的住宿地点
52 住宿种类
58 应用法语

59
全法交通篇
善用交通工具，
轻松游走美丽的法国

60 境内火车
69 跨国火车
70 其他大众交通工具
71 开车
73 应用法语

75
巴黎交通篇
巴黎其实不大，
骑自行车即可轻松游巴黎

76 巴黎大众运输系统
78 巴黎地铁与快速铁路线图
81 巴黎地铁
88 搭巴士
90 搭出租车
90 搭旅游巴士
91 骑自行车
93 搭游船
94 应用法语

95 饮食篇
像法国人那样悠闲地享受美食
- 96 法国人的三餐吃些什么
- 98 法国人如何用餐
- 100 经典法国菜推荐
- 101 法国人都在哪些地方吃饭
- 103 喝饮料与吃点心的地方
- 105 边走边吃的美味小吃
- 108 应用法语

109 玩乐篇
法国哪里最好玩
- 110 法国主题之旅
- 112 法国十大必游景点
- 115 巴黎推荐景点
- 120 巴黎近郊必玩景点
- 121 参加当地旅行团
- 122 巴黎夜生活
- 124 应用法语

125 购物篇
法国购物胜地在哪里
- 126 法国购物注意五件事
- 127 巴黎必逛的商圈
- 130 行家带路
- 132 最具代表性又实惠的小礼物
- 134 如何办退税
- 135 如何提钱、换钱
- 137 买美容保养品无障碍
- 138 应用法语

139 通信篇
在法国，随时与世界连线
- 140 打电话
- 144 上网
- 145 邮寄
- 147 应用法语

149 应变篇
遇到紧急情况时怎么办
- 150 重要物品遗失怎么办
- 153 生病或发生意外怎么办
- 154 旅行法国安全注意事项
- 155 紧急法语
- 155 内急也是一种紧急事件
- 157 应用法语
- 158 救命小纸条

智能手机应用程序推荐
行前准备类	22
机场类	33
住宿类	51
交通类	73、80
饮食类	103
通信类	141

如何使用本书

How to use

本书以自助旅行为切入角度,描绘当地法国人的生活形态,让旅行者能自然地了解法式风情并享受最轻松的旅行。依篇章顺序介绍,从行前准备到抵达当地,直至自在地旅行、购物等依序安排,必要手续如汇兑、搭机、办理护照与签证、交通、生活等资讯整齐罗列在各篇章中。各单元的篇章页所附的详细小目录,让搜寻一目了然,更加容易。

全书分成11个篇章

【认识法国】 法国,是个什么样的国家?告诉你法国的地理、气候、历史、政治、时差、语言、航程、电压等资讯,让你对法国有初步的印象与了解。

【行前准备】 出发前,要准备什么?本篇列出赴法前需准备的护照与签证各类证件。提供实用的旅游及资讯网站,让你在出发前有最及时与第一手的旅游信息。

【机场篇】 抵达机场后,如何顺利入出境?从踏入法国的那一刻起,该如何办理入出境手续,该如何办理搭机手续,通通图文并茂地告诉你。详细提供巴黎两大国际机场对外的交通方式。

【住宿篇】 住宿怎么选择?怎么找?介绍法国各种形态的住宿方式,以及在法国住宿需特别注意的事项、法国酒店星级评定标准,包括:酒店、家庭旅馆、青年旅舍、露营住宿等,可依你的预算前往目的地。

【全法交通篇】 如何善用交通工具,轻松游走美丽的法国?本篇列出在法国城市与城市之间,甚至到其他各国的交通方式,以火车、巴士、租车的方式游走法国,都加以详细介绍。

【巴黎交通篇】 巴黎其实不大,骑自行车即可轻松游巴黎!详细解说大巴黎的交通系统,如何选择交通工具?如何搭乘最省钱?搭乘时的各种注意事项与搭乘方式,最详尽的图文解说易看易懂。

【饮食篇】 像法国人那样悠闲地享受美食!法国美食世界知名,如何找寻美味?如何依照法国礼仪用餐?怎么样看菜单点菜?在此篇都有详细的介绍,还包括最地道的路边小吃,还有最省钱的用餐方法。

【玩乐篇】 法国哪里最好玩?详细列出最不可错过的观光景点、历史古迹与世界知名的博物馆、美术馆,让你的法国行绝对不虚此行。

【购物篇】 法国购物胜地在哪里?本篇列出在法国购物时最省钱的折扣季日期、退税方式、不能不逛的知名购物区,以及巴黎购物点与小贴士,包括:百货公司、购物中心、传统市场、跳蚤市场等。

【通信篇】 在法国,随时与世界连线!在法国,如何使用免费无线上网系统、如何打电话、找公用电话、上网、寄包裹、寄明信片,本篇详细告诉你。

【应变篇】 在法国,发生紧急状况怎么办?旅行时,若财物、证件遗失,或生病发生意外,都有办法可解决。请见本篇的各种紧急处理办法,以及当地的紧急联络电话。

 Traveling in France

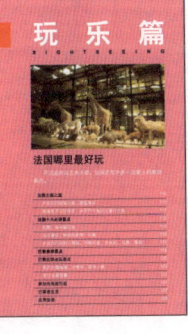

篇章
以不同颜色区分各个大篇章 — **1**

单元小目录
每个篇章都有详细的小目录方便查找 — **2**

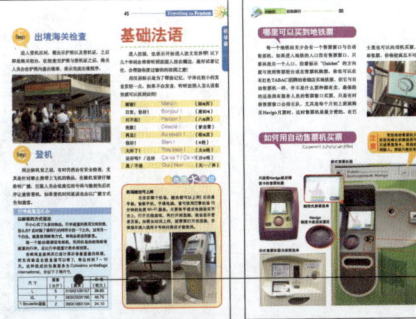

指示标、机器说明
各种须注意的指示标，如乘车乘机资讯，或买票机器的操作按钮、插孔，都有详细的画面说明，非常容易懂 — **3**

资讯、秘诀小提醒
证件要去哪里办，购物或买车票有何小秘诀或注意事项，作者通通在此提醒你 — **4**

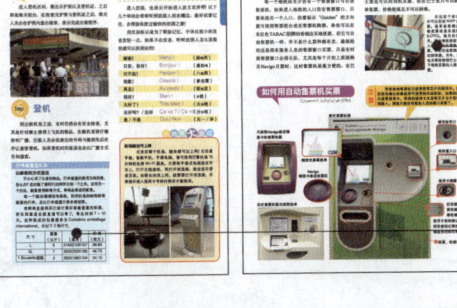

网页操作示范
不管是买车票、查时刻，都有文字与示范图片搭配，一点都不难 — **5**

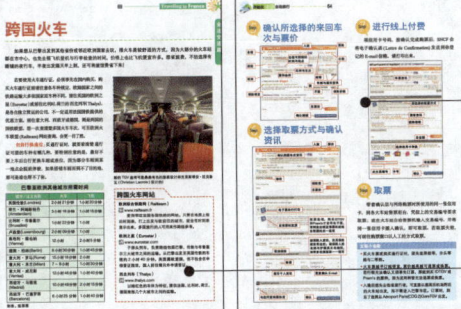

文图步骤说明
不管是乘飞机、入出境、用餐，还是上网买车票、退税，都有文字与图片搭配，清楚说明 — **6**

实用网站整理
提供相关网站参考，随时获得最新资讯 — **7**

实用的应用法语
每一单元都会列出用得到的实用法语，即使不懂法语，也可以指着句子沟通 — **8**

开始在法国
自助旅行

认识法国
ABOUT FRANCE

法国,是个什么样的国家

从地理、气候、历史、政治、时差、语言、航程、电压等,了解法兰西及巴黎的基本情况,提升行程与路线规划的能力,让行程更为平安、顺畅。

法国小档案	**14**
地理、气候	14
历史、政治、国旗	15
穿衣、营业时间	15
时差、语言、航程	16
电压、货币	16
法国印象	**17**

法国小档案

说到法国或巴黎，总是会让人想到红酒、美食、时尚或是艺术。说到法国人，更是会让人以为他们真的很浪漫，有点冷漠，喜欢喷着满身的香水却不太爱洗澡？要了解今日的法国，不得不回溯去看法国的历史，也因为"历史"被重视并完善地保存下来，而造就了今日拥有联合国教科文组织所认定的39处世界遗产的法国！

法国小档案 01

地理 | 像个六边形

法国这个像正六边形的国家，位于欧洲大陆的西部，三边临海、三边靠陆。西濒大西洋的比斯开湾，东南滨地中海，西北则隔着多佛尔海峡、英吉利海峡与英国相望。而与法国相邻的国家从东南往北依次是摩纳哥、意大利、瑞士、德国、卢森堡、比利时，西南与西班牙与安道尔接壤。

法国80%的土地是平原和丘陵，高山多集中在东南部。法国包含数个海外省及属地，有靠近意大利的科西嘉岛(Corse)、位于加勒比海东部的瓜德罗普(Guadeloupe)及马提尼克岛(Martinique)、位于南美洲北部的法属圭亚那(Guyane)、位于南半球的留尼汪岛(La Réunion)，以及其他地理位置特殊的海外领地。

法国速览
- 首　　都：巴黎 (Paris)
- 面　　积：551,602 平方公里
- 人　　口：约 650 万人
- 官方语言：法语
- 货　　币：欧元
- 宗　　教：主要为天主教，其次为基督教新教、东正教、犹太教及伊斯兰教

法国小档案 02

气候 | 4~10月最适合旅行

法国四季分明，且各地区气候差异颇大。例如，秋天，北边的巴黎可能只有8℃，南边的尼斯却可到25℃左右。若以气候划分，可将法国划分成四大区：西部为海洋性湿润气候，夏季凉爽；东部为半大陆性气候，夏炎热冬严寒；北部（如巴黎）及中部地区则冬寒夏热；南部则是地中海型气候，冬季不至于太寒冷，但夏季可是又热又干燥！

出发前最好先上网查询、确定气候。法国夏季日长夜短，7、8月正值暑假，太阳会到晚上九十点才下山，许多户外的文艺活动都会进行到很晚。而冬季则相反，早上不到8点天不亮，下午不到5点天就黑了。

法国小档案 03

历史 | 奠定共和的艰难过程

法国最早是凯尔特人(Celts)的居住地,曾先后经历罗马、法兰克人的入侵。由法兰克帝国分裂出的西法兰克(后改名为法兰西),为法国源起。后经历英法百年战争。1789年爆发法国大革命,倡言"自由、平等、博爱",推翻封建及君主制度,1792年建立法兰西第一共和国。1804年拿破仑建立法兰西第一帝国。拿破仑被迫退位后,法国经历数次政权更迭,又恢复共和。"二战"期间,戴高乐将军在英国建立流亡政府"自由法国",与纳粹德国抗衡。法国解放后,法兰西第四共和国成立。1958年9月28日,法国公民投票通过了戴高乐制定的"新宪法",法兰西第五共和国成立,并奠定维持至今的政体。

法国小档案 04

政治 | 法兰西第五共和国

法国是欧盟和北约创始成员国之一,也是《申根公约》的成员国。1958年由公民投票通过的宪法,即是现今法国的行政体系。国家元首由普选直接选举产生,任期5年,由总统任命总理,再由总理提名任命政府其他成员。现任总统为弗朗索瓦·奥朗德(Francois Hollande)。

国家最高立法机关为国民议会(Assemblée Nationale)。国民议会总共有577名议员,每名议员代表单一的选区。国民议会成员由民众直接选举产生;而参议院(Sénat)共有300多名参议员,由地方代表间接选举产生。当两个议会意见不同时,国民议会拥有最后裁决权。

法国小档案 05

国旗 | 蓝白红三色旗

法国国旗的图案非常简单,是从左至右蓝、白、红色垂直排列的三色旗(Tricolore)。三色旗最早出现于法国大革命时期。三色各有代表的意义和来源:蓝色是法国传统王室徽章的宝蓝色,白色代表纯洁与皇室,红色则是来自于宗教与圣女贞德的旗帜颜色。三色旗于1794年被确定为法兰西第一共和国的国旗。

法国小档案 06

穿衣 | 洋葱式穿衣法

法国夏季明显较短,即使酷热也顶多维持两星期。需注意的是,早晚温差很大且天气非常多变。欧洲人习惯以洋葱式的穿衣法来对抗多变的天气。在夏季,温差大,一件薄衫搭配一件薄外套,或是把薄丝巾随时带在身边,天凉时就可以当披肩使用。冬天气温低,但室内皆有暖气。洋葱式的穿衣法可以随着温度升降穿脱。

洋葱式穿衣一般来说有3层,最里面是紧身衣,加上套头毛衣,外面再加一件保暖的外套,足以应付室内外温差与气候变化。冬季天气多干燥寒冷,保暖的帽子和手套不可少,且需注意皮肤干燥的问题,随身最好带着护手霜和护唇膏。

法国小档案 07

营业时间 | 都市和乡村的步调不一致

一般商店:多为10:00～19:00,有的大超市营业至21:00,且下午并不休息。

小乡镇的商店:作息和都市大不相同,营业时间短,且12:00～15:00为休息时间。

大都市的传统杂货铺:营业时间最长,可至深夜。

餐厅:一般午餐12:00、晚餐19:00开始。

法国小档案 08

时差 | 比北京慢6～7小时

法国有夏令和冬令时间之分，夏令为3月最后一个周日至10月最后一个周日，此时当地时间会比北京慢6小时；其余为冬令时间，比北京慢7小时。

最好记的方式是，当你在法国傍晚感到肚子饿时，就不能打电话回中国了，因为那时中国的亲友已进入梦乡啰!

	时间范围	法国时间	北京时间
夏令时间	3月最后一个周日至10月最后一个周日	8:00 12:00	14:00 18:00
冬令时间	10月最后一个周日至3月最后一个周日	8:00 12:00	15:00 19:00

法国小档案 09

语言 | 讲法语，英语不太通

法国通用语言为法语，在大都市及观光景点的服务人员大都会讲英语，但在外省用英语沟通就有问题。最好随身带着标示有法语的旅游书，如果无法沟通，指着书上的法语句子也许是最为有效的沟通方法。

法国小档案 10

航程 | 直航只需11个小时

从北京直航巴黎约需11个小时。目前，国内的国航、东航及南航均有直飞巴黎的航班。

法国小档案 11

电压 | 220伏特，圆形插孔

法国电压为220伏特(220V)，同中国一样，但插头却不同，为圆形双孔（见右图），需用德标（欧标）插头转换器转换。

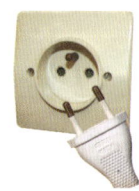

法国小档案 12

货币 | 欧元多国通行

1欧元约合人民币6.72元（以2015年4月初为参考）。近年来，欧元不断下跌，甚至连创新低，让许多想来欧洲的游客心动。建议随时上网关注欧元汇率波动表，可看出哪个季节的汇率较低，如果换的数目够多，可是相当划算的。

2欧元　1欧元　50欧分　20欧分

10生丁　5生丁　2生丁　1生丁

€ = euro = 欧元，centimes = 生丁
1欧元 = 100生丁，0.5欧元 = 50生丁
最流通的面额为20欧元以下的纸钞与钱币

5欧元

10欧元　50欧元　200欧元

20欧元　100欧元　500欧元

法国印象 — 你认识这么多法国名人呢！

■ 演艺界的法国名演员
- 执导《圣女贞德》《第五元素》《这个杀手不太冷》的国际名导演吕克·贝松(Luc Besson)
- 《天使爱美丽》《巴黎拜金女》《达·芬奇密码》《时尚女王香奈儿》的奥德丽·塔图(Audrey Tautou)
- 《蓝》《屋顶上的骑兵》《英国病人》《浓情巧克力》的朱丽叶·比诺什(Juliette Binoche)
- 《心动的感觉》《豪情玫瑰》《忠贞》《勇敢的心》《黑日危机》的苏菲·玛索(Sophie Marceau)
- 《玛戈皇后》《地下铁》《罗丹与卡蜜儿》的伊莎贝拉·阿佳妮(Isabelle Adjani)
- 《这个杀手不太冷》《尼基塔》《暗流》《碟中谍》的让·雷诺(Jean Reno)
- 《大鼻子情圣》《巴黎,我爱你》《绿卡》的杰拉尔·德帕迪约(Gérard Depardieu)
- 《八美图》《追忆似水年华》《青楼怨妇》的凯瑟琳·德纳芙(Catherine Deneuve)
- 《情证今生》《玛戈皇后》的文森特·佩雷(Vincent Perez)

■ 时尚界的法国名人
- 香奈儿(Chanel)
- 克丽斯蒂安·迪奥(Christian Dior)
- 阿尼亚斯贝(Agnès B)
- 爱马仕(Hermès)
- 伊夫·圣罗兰(Yves Saint Laurent)
- 卡地亚(Cartier)
- 迪奥(Dior)
- 让·保罗·高堤耶(Jean-Paul Gaultier)
- 兰蔻(Lancôme)

■ 文艺界的法国名人
- 菲利普·斯塔克(Philippe Starck): 设计鬼才
- 雨果(Victor Hugo): 法国大文豪
- 安东尼·圣埃克苏佩里(Antoine de Saint-Exupéry):《小王子》的作者
- 巴尔扎克(Balzac):《高老头》的作者,热爱生命的法国作家
- 萨特(Jean-Paul Sartre): 20世纪存在主义哲学家,同时也是作家与评论家,著作有《存在主义是一种人文主义》
- 西蒙·波娃(Simone de Beauvoir): 20世纪女性主义提倡者,也是萨特(Jean-Paul Sartre)的恋人
- 罗丹与卡蜜儿(Auguste Rodin et Camille Claudel): 罗丹是雕塑大师,卡蜜儿是他的学生、助手、模特也是情人
- 雷诺阿(Pierre Auguste Renoir): 印象画派画家,专攻女性及儿童肖像,如《船上的午宴》《浴女》《通往草地上的路》
- 莫奈(Claude Monet): 印象画派之父,擅长光与影的表现。代表作:《日出·印象》《睡莲》
- 桑贝(Jean-Jacques Sempé):《淘气尼古拉》的插画家

■ 政治人物
- 拿破仑(Napoléon Bonaparte): 法国皇帝、出色的军事家。几乎征服全欧洲,却于滑铁卢一役全军覆没
- 夏尔·戴高乐将军(Charles de Gaulle): 人称法国最伟大的军人,巴黎戴高乐机场就是以他的名字命名的

奥德丽·塔图

以伊夫·圣罗兰的一生改编的传记电影

开始在法国
自助旅行

行前准备
HOW TO PREPARE

出发前，要准备什么

护照、签证怎么办？适合自由行还是完全自助旅行？
出发前一定要好好想清楚！

要先搜集的资料   20
   规划行程超好用网站推荐   20
   由预算决定天数及玩法   21
   如何找便宜机票、善用智能手机的应用程序   22
   法国节庆表   23

要准备的证件   24
   护照   24
   签证   25
   申办国际学生证   26
   申办国际青年证、申办国际青年旅舍会员卡   27

出发前要做的功课   28
   住宿   28
   货币、行李打包   29
   行李检查表   30

要先搜集的资料

出发前做好充分的准备，可免去行前的不安，尤其是没去过的国家或是第一次完全自助旅行，多少可借由事前的资料搜集让旅行更无阻碍、更顺畅。可以利用网络带来的便利，在网上搜集所有资料，如查看汇率、机票比价、预订旅馆、查询火车班次、研究交通地图等，让行程规划更完美、安心。

规划行程超好用网站推荐

法国各省旅游资讯中心网站

法国每省份都设有旅游资讯网站，其上的资讯通常是最完整与即时的。网站不仅提供吃喝玩乐与住宿，还有当地嘉年华或节庆的资讯。只要在Google打上"Office de tourisme + 省镇名"就可轻易找到，再选择用英文或其他语言查询。

巴黎旅游局网站

巴黎旅游局网站虽有简体中文版，却没有全面中文化，但网站内容丰富，提供实用的旅游资源，包括行程规划、购物地区介绍，另外还有"最后一分钟"优惠订房服务。
W www.parisinfo.com

法国旅游发展署网站

该网站除介绍法国基本的风俗民情之外，对法国各省也有详细的介绍，提供最新的文艺活动资讯，并有行程规划建议。出发前不妨上此网站查询相关信息。
W cn.franceguide.com

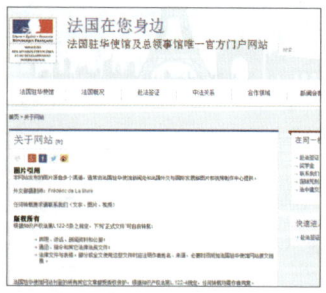

法国驻华大使馆网站

该网站是法国驻华大使馆及总领事馆唯一官方门户网站，提供法国介绍，包括大事记、法语学习资料、法中关系以及新闻等。
W www.ambafrance-cn.org

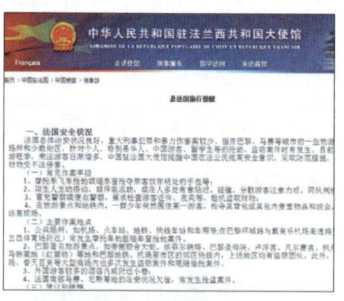

中国驻法国大使馆网站

中国驻法国大使馆的官方网站，提供前往法国应该注意的相关事项，尤其是在碰到突发意外事件时，还可以寻求领事保护。
W www.amb-chine.fr

法国文化中心网站

法国文化中心网站有关法国文化及相关旅游活动的内容十分丰富，还有法语教学，很适合行前搜集资料。
W www.ccfpekin.org

由预算决定天数及玩法

自由行还是自助行

如何规划行程？自由行还是自助行？预算多少决定怎么玩，是自助旅行者的不二法则。如果假期不长，也没有太多预算，最划算的应该是"机票+酒店"的自由行；如果行程预计超过半个月或更长，那就要在住宿及交通的自助规划上多花心思了。

"机+酒"自由行

自由行的基本费用包括机票、住宿费。可以先到各大旅行社网站了解行程内容及费用，有时会包含机场接送及半天的市内观光。当然，依各家旅行社的行程不同，费用也会有所差异。这种自由行很适合怕被旅行团绑住自由，又没时间订机票或酒店的人。

全程自助行

长程或多国的旅行规划，可到网络上自助旅行社区或论坛，先搜寻看看别人的行程是怎么安排的，或是在社区里虚心请教，通常都可以得到满意的答案。先将想去的地方列张表，再将地理位置找出来，预估交通时间，再推敲出行程路线及费用。记得要让行程有弹性些，并预估如果行程因故变动该怎么变通。

法国街头的艺人

自助行行程规划参考哪里找

自助旅行的BBS或网站论坛

不知道该怎样开始规划行程？上网找资料吧！国内有许多自助旅行者的论坛或BBS，看看人家的行程怎么安排，或将自己行程贴到讨论版，并虚心请教行家给予建议都是不错的方式。如在国内知名的欧洲自助网（www.eueueu.com）上，就有许多行家愿意分享经验，但记得发问前先到精华区浏览，确认没有人问过相同问题再发问，得到回应也别忘了谢谢回复者哦！

以上画面截取自欧洲自助游网站

如何找便宜机票

找最便宜的机票有三大法则：一是淡季，二是转机次数，三是提早订位。每年的寒暑假、圣诞节、新年和连休假期就是航空公司的旺季，反之则是淡季。而转机次数越多，航程时间越长也会越便宜。许多航空公司参与飞往欧洲的航线，经由莫斯科、伊斯坦布尔等转机的机票较国内的航空公司便宜。每家航空公司的网站上，也常有促销活动，早些规划，时常关注票价，很容易找到划算的机票。

若是多国旅行，想购买欧洲航线的机票，可上欧洲机票比价网站 www.liligo.fr 或 www.illicotravel.com（有中文界面）比价，再前往最低价的网站购票。

善用智能手机的应用程序

智能手机的普及让旅游更轻松！只要善用应用程序（App），即可获得全面且即时的旅游资讯。本书介绍的App以苹果iOS和安卓Android两系统为主，也可选择平板电脑安装。以下介绍几款免费的App，可帮助您快速收集资料与规划行程。付费版的App功能大多比免费版强大与完善，买付费版前最好先安装免费版（Lite/Free），确认界面与功能好用，再下载付费版。有些App需要先注册账号才能用。其他应用程序请见各篇章介绍。

法国每个省份都有不同的风景与特色。如果行前的准备功课做得好，旅途中就更能宽心地欣赏沿路的风景。

法国节庆表

月份	节日时间	节庆
3月	3月中	国际古典音乐节（Musique du Festival de Cannes）／戛纳
	3月下旬	葫芦雕刻节（Festin des Courgourdons）／尼斯
	3月底至4月初	复活节（Ascension）
4月	复活节后的第六个周四	耶稣升天节（Procession des Limaces）
	耶稣升天节后的第二个周一	圣灵降临节（Fête Pascale）
	耶稣升天节的周末	一级方程式赛车赛程（Grand Prix Automobile de Formule 1）／摩纳哥
5月	5月1日	劳动节（Fête du travail）
	5月8日	第二次世界大战胜利日（Victoire de 1945）
	5月第2周	国际戛纳影展（Festival international de Cannes）
	5月至10月	水舞表演（Grandes eaux musicales）凡尔赛城堡露天花园
6月	春天的第一天	国际音乐日（Fête de la musique）
	6月里的周日	咖啡馆侍者赛跑（Course des garçons de café）（从巴黎共和广场到巴士底广场）
7月	14日	法国国庆（Fête Nationale）
	7月中旬	法国阿维尼翁艺术节（Festival Avignon）
	7月底	环法自行车大赛 Tour de France／终点香榭丽舍大街
8月	8月15日	圣母升天日（Assomption）
	8月初至9月	巴黎沙滩节（Paris Plage）
9月	第三周	历史文化遗产日（Journés du patrimoine）
10月	整个10月	巴黎爵士音乐节（Paris Jazz Festival）
11月	11月1日	万圣节（Toussaint）
	11月11日	一战纪念日（Armistice de 1918）
	11月中旬至12月底	斯特拉斯堡圣诞集市（Marché de Noël）
	11月的最后一周	国际舞蹈节（Festival International de la Danse）／戛纳
12月	12月25日	圣诞节（Noël）
1月	1月1日	元旦（Jour de l'an）
	1月底	长途汽车赛事（Rallye de Monte-Carlo）／蒙特卡洛
2月	2月中旬至3月初	法国尼斯嘉年华（Carnaval de Nice）
	2月底至3月初	柠檬节／蒙通（Menton）

※ 红色字代表法定假日。在法定假日里，商店及美术馆大都关闭。

要准备的证件

护照

哪些人需要办护照

第一次出国还没有护照的，需要申请办理。中国护照分为普通护照、外交护照和公务护照三种。出国旅游，办理普通护照即可。护照有效期为：护照持有人未满16周岁的5年，16周岁以上的10年。

中国从2012年5月15日起，也开始统一启用签发电子普通护照。

如何办理护照

申办护照时，可亲自至本人户口所在地公安局的出入境管理处办理，也可视居住地就近办理。只要符合一定条件，非户籍地人员可向居住地（实施异地可申请护照的城市名录参见下文所列）的有关地方公安机关出入境管理机构提交普通护照的申请。

护照这里办

1. 本人户籍所在地。可至本人户口所在地公安局的出入境管理处申请办理护照。
2. 非本人户籍所在地。截至目前，实施异地可申请护照的城市有：北京、天津、石家庄、太原、呼和浩特、沈阳、大连、长春、哈尔滨、上海、南京、无锡、常州、苏州、杭州、宁波、温州、嘉兴、舟山、合肥、福州、厦门、泉州、南昌、济南、青岛、郑州、武汉、长沙、株洲、湘潭、广州、深圳、珠海、东莞、佛山、南宁、海口、重庆、成都、贵阳、昆明、西安，共计43个。符合条件的可持有效的申请材料以及相关证明材料，向有关地方公安机关出入境管理机构提交普通护照的申请。但年龄在60周岁（含）以上，且在非户籍地居住6个月（含）以上的老人（登记备案的国家工作人员除外），可不受上述限制，无论在哪个省、自治区、直辖市的暂（居）住地，都可以就近提交普通护照的申请。

就北京而言，自2012年9月1日起，根据相关规定，非京户籍人员可在北京市办理出入境证件（包含护照），具体可登录北京市公安局网站（www.bjgaj.gov.cn）了解。自2013年7月1日起，京籍人员的非本地户籍的配偶、不满16周岁的子女，非京籍在京就业就学人员配偶、不满16周岁的子女，及非京籍60周岁以上老人，均可在京办理护照。

如果要申办电子普通护照，需采集申请人的指纹及当场签署本人姓名，其他准备材料、办理时限和收费标准均与普通纸质护照相同。

申办护照需要准备哪些材料

❶ 近期免冠2寸照片1张以及填写完整的"中国公民因私出国（境）申请表"[可从公安部出入境管理局网站（www.mps.gov.cn/n16/n84147/n84211/n84364/4098828.html）下载]。

❷ 居民身份证和户口簿及复印件（在居民身份证领取、换领、补领期间，可提交临时居民身份证和户口簿及复印件）。

❸ 未满16周岁的公民，应当由其监护人陪同，并提交其监护人出具的同意出境的意见、监护人的居民身份证或者户口簿、护照及复印件。

❹ 国家工作人员应当按照有关规定，提交本人所属工作单位或者上级主管单位按照人事管理许可权审批后出具的同意出境的证明。

❺ 省级地方人民政府公安机关出入境管理机构报经公安部出入境管理机构批准，要求提交的其他材料。

❻ 普通护照的办理及补发费用均为每本200元人民币，护照加注每项20元人民币。

签证

法国规定，所有进入法国领土或在法国停留的外籍人，均需持有效法国入境和居住签证。法国签证根据不同的访问目的，有多种类别可选择。一般去法国旅游，办理有效期为30日的短期签证即可。法国驻华总领事馆为方便签证申请而专门委托中智法签TLScontact(https://cn.tlscontact.com/cn2fr)受理赴法签证申请材料，签发或拒签的决定权完全属于使馆领事部。因私普通护照持有者须通过TLScontact办理签证申请。为了不耽误旅行计划，最好提前1个月提交签证申请。

申办签证需要准备哪些材料

1. 护照及复印件。
2. 2寸免冠近期照片4张（白背景，每张照片背面用铅笔写上名字）。
3. 完整填写的个人签证申请表1份。
4. 本人身份证复印件1份。
5. 户口簿的整本复印件（不可缺页）1份。
6. 本人金额至少5万元以上的存款证明原件（如户主是配偶姓名，要提供结婚证原件）。
7. 在职人员须提供在职证明原件1份（使用单位A4正规彩色抬头纸）、单位营业执照副本1份、银行工资卡存折或工资银行卡对账单（必须是最近3个月的）。
8. 学生需提供在校证明，必须提供成绩单。
9. 签证申请费60欧元，不可返还，以当日汇率为准。
10. 签证服务费，包括签证申请过程中的预约、材料审核、申请表格录入等各项服务，计人民币248元。

签证这里办

中智法签TLScontact

北京TLScontact
- 北京市朝阳区东直门外大街26号奥加饭店（中服商务酒店）3层
- 010-6413 1878（全国服务电话）
- 8:30-12:00，13:15-16:30（周一至周五）
- 注意：致电时，需先告知护照号或者TLScontact申请号。

成都TLScontact
- 成都市锦江区大业路6号财富中心C楼10层
- 028-6676 6560

广州TLScontact
- 广州市越秀区环市东路326号 亚洲国际大酒店1303室
- 020-6113 2867

沈阳TLScontact
- 沈阳市和平区十一纬路82号 皇城商务酒店1508室
- 024-8861 9591

武汉TLScontact
- 武汉市江汉区建设大道566号 新世界国贸大厦二座808室
- 027-5151 9878

法国驻华使领馆

法国驻华使馆
- 北京市朝阳区天泽路60号
- 010-8531 2000

法国驻广州总领事馆
- 广州市环市东路339号广东国际大酒店主楼810室
- 020-2829 2000

法国驻成都总领事馆
- 成都市总府路2号时代广场30楼3009-3010、3003A
- 028-6666 6060

法国驻武汉总领事馆
- 武汉市建设大道568号武汉国际贸易商业中心1701-1708室
- 027-6579 7900

法国驻上海总领事馆
- 上海市中山西路1055号SOHO中山广场A座18楼
- 021-6010 6300

法国驻沈阳总领事馆
- 沈阳市和平区南十三纬路34号
- 024-2319 0000

法国驻香港总领事馆
- 香港中环夏悫道8号海富中心2期26楼
- 0852-3196 6100

申根签证

申根签证又分为旅行、商务等类别。法国因加入了《申根协定》，所以办理个人旅行签证（90日以内）也可前往法国旅行。具体申办事宜可登录法国驻中国大使馆网站（www.ambafrance-cn.org）了解。该网站详细罗列了申办各类签证所需的材料、申办流程、签证费用等内容，另外还可以免费下载电子版签证申请表格。

申根成员国

截至目前，共有26个申根成员国，即奥地利、比利时、捷克、丹麦、爱沙尼亚、芬兰、法国、德国、希腊、匈牙利、冰岛、意大利、拉脱维亚、列支敦士登、立陶宛、卢森堡、马耳他、荷兰、挪威、波兰、葡萄牙、斯洛伐克、斯洛文尼亚、西班牙、瑞典、瑞士。

欧盟非申根国

罗马尼亚、保加利亚、塞浦路斯、英国、爱尔兰。

办理申根签证需要注意的事项

- 如果只去某一个申根国家，根据规定办理该国的签证即可。
- 如果过境某一申根国或几个申根国前往另一申根国，应申办另一申根国的签证。
- 如果要前往几个申根国，应申办主访申根国或停留时间最长的申根国的签证。
- 如果一时无法确定主访国时，可申办第一个前往的申根国的签证。
- 各个申根国家颁发签证所需的材料要求不变，必要时受理国可要求提供附加材料。
- 申根签证不能逐个国家去申办，统一在某一个申根国办理即可。
- 办妥一国签证即可进入其他申根国，如被某一申根国拒签即意味着也被其他申根国拒签。
- 有了申根签证并不意味着能自由进入所有欧盟国家。虽然申根成员国属共同国界管理，在申根区国家间过国境无须检查；但如果去非申根欧盟国家时如英国，经过国境时仍须检查护照与签证。

小提醒

无人陪伴儿童服务

从到机场报到时起，就有专人协助单独旅行的小孩办理乘机、海关、安检等手续，直到下飞机出海关确认联络人到机场接小孩。但各航空公司的服务方式不大相同，请再作确认。一般来说，如果要求此服务，则必须为儿童购买成人票，且须提供两地接送人的姓名与详细联络电话。

亲友邀请住宿证明注意事项

请法国当地亲友向当地市政府申请邀请住宿证明（Attestation d'accueil）时，必须提供给对方受邀人的英文姓名（与护照相同）、护照号码、英文地址与停留天数。申请人也须提交财力证明、住房证明、居住证明等文件才能申请，所需时间为5～7个工作日。

申办国际学生证

在全球使用最普遍的国际学生证（ISIC，International Student Identity Card），无论是购买公共交通工具票、景点门票或是在某些住宿地点办理登记入住都会有不错的优惠，是省钱的最佳帮手。需要特别注意的是有效期限，此证以新学期开学的9月作为划分界限。如果是9月以前办理的卡，那么有效期就是当年的12月底；如果是9月以后办理的卡，有效期则至隔年的12月底。

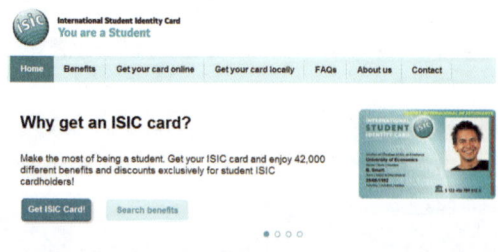

申办国际青年证

如果是未满26岁的年轻人，可以申请办理国际青年证(IYTC, the International Youth Travel Card)。该证自办证之日起，一年内有效。该证件和国际学生证一样，都是由国际学生旅游联盟(ISTC)签发的，是全球唯一获联合国教科文组织(UNESCO)认可的国际青年、学生身份证明。持有该证件者可以在世界各地享有各种旅游优惠服务，如住宿、购物、机票、船票、车票、租车等，非常实用。

证件这里办

国际学生证（ISIC）
W www.isic.org
资　格：年满12岁的全日制在校生
所需文件：申请表、2寸近期证件照1张、学生证
¥ 人民币85元

国际青年证（IYTC）
资　格：未满26岁的青年人
所需文件：申请表、1寸彩色有效证件照1张、身份证或出生证明文件
¥ 人民币85元

国际青年旅舍会员卡（YHA）
W www.yhachina.com
资　格：无资格限制
所需文件：会员申请表（可网上填写，也可下载后填写）
¥ 人民币50元
办理方式：可网上办理，或邮寄至国际青年旅舍中国总部办理，也可至各家青年旅舍的前台办理，还可到各代理商处办理
国际青年旅舍中国总部
⌂ 广州市天河区体育西路103号维多利广场A塔3606室（510620）
◎ 周一至周五的9:00~18:00（12:30~14:00 为午休时间）

申办国际青年旅舍会员卡

国际青年旅舍(Youth Hotels Association,YHA)是全球最大的非营利性自助旅游组织。在法国，国际青年旅舍被称为Fuaj(Fédération unie des auberges de jeunesse)。虽没有星级饭店的豪华，但欧洲的青年旅舍都会维持一定的水准，而且还提供厨房及客厅，可以让客人认识来自世界各地的游人，这也是一种令人难忘的体验。申办国际青年旅舍会员卡没有年龄及身份的限制。该会员卡全球通用，除了可以提前预订旅舍，还能享受一定的优惠价格。

出发前要做的功课

住宿、货币汇兑、行李打包……

住宿

网络订房很方便

因为办理签证需要订房证明，最好先在网络上直接订房，或请在法友人代订。一般连锁的旅馆都接受直接在网络上预订，小型旅馆则需用 E-mail 确认；需要提供信用卡号，费用将在住宿当天从信用卡支付。

订房前请确定订房日期，因为订房后如因故更改日期，却因改订不到空房而取消订房的话，是会收取手续费。每家旅馆规定不同，最好先询问取消订房的规则（订房网站及住宿资讯，请参阅"住宿篇"）。

地理位置很重要

旅馆的地理位置与周边环境，对于旅游的兴致影响颇大，附近交通是否便利也会影响行程的安排。如何看懂旅馆的地址，或了解确切位置都可以靠地图网站如 Google Map 来帮忙。

地理位置这里查

使用 Google Maps 查阅地图

使用 Google maps（www.maps.google.com）是最方便的地理位置查询方式。记得一定要输入城镇名称、法国（France）和五位数的邮政编码。显示地图后，将地图左上方的橘色小人拖到寻找目标的红色标示处，就可观看实景现场的照片。地图上的蓝色 M 圆圈即是地铁站，可明确看出住宿离地铁有多远。Google 地图对于了解实地环境状况非常有帮助。

以上画面撷取自：www.maps.google.com

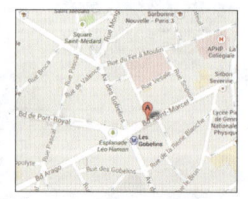

如何看懂法国地址

看懂法国的地址并不难，法国地址没有段、巷、弄的麻烦，但是同一个名字却有可能是路名、大道名或街名，所以只要搞懂各种道路的形态，找路就不是问题。法国地址上是不写出楼层的，没有省份名，而由邮政编码来体现省份。

常见的街道形态

Avenue：简写成"Av."，是指大街，通常是指至少有四车道的道路，而且大都为可直通城外的大街道。

Boulevard：简写成"Bd."或"Bld."，即大道，指主要干道或较宽广的道路。

Rue：即街，是最常见的。通常为大道的支线，或弯曲的小巷。

Place：简写成"Pl."，即广场。只要有这个字顺着广场走一圈一定找得到。

Square：指小公园，顺着公园找就可以找到。

Allée：指小路或小径，因此也比较难找。

Impasse：指没有通路的死巷。

Bis：指第2号，如22 bis 表示如22-2号。

68, 号码　**Rue de Colombes** 街道名　**75012** 邮政编码　**Paris** 市或镇名

货币

兑换部分现金但不要大钞

如计划到欧洲旅行，随时关注欧元汇率，并在汇率较低时兑换，可让旅费降低不少。利用网络查询汇率波动图，就可发现何时的汇率会较低。

出发前兑换部分现金是必要的，尤其欧元可在所有的欧盟国家使用，即使用不完也还有机会用到。但记得兑换现钞时尽量不要兑换面额超过50欧元以上的大钞，有时小型店家会因无法找开而拒收。在法国，最流通的是面额20欧元的纸钞。

建议把旅费换成现金与旅行支票以分散风险，并在出发前向银行或信用卡公司提出申请或确认卡片可在海外使用提款功能，以备不时之需。

旅行支票较安全

在国内先向银行购买旅行支票，是比携带现金更安全的方式，因为使用旅行支票支付时需持有人亲笔签名，并与护照一起核对才能生效。拿到旅行支票后，先确认持有人姓名是否与护照上相同，记下每张支票的号码，并在每张支票上签名，如此一来即使万一遗失，别人也不能兑换，更可立即申请补发。要记得将海外服务电话及票号记下，以便补发手续更迅速。

虽然目前法国一般的商家接受旅行支票并不普遍，但百货公司、美术馆的商店、大型连锁商店都可使用或可直接至银行兑换，但部分银行会收取少许手续费。使用旅行支票支付时，店家会将支票剩余的金额以现金方式找回，也算是另一种换取现金的方法。

行李打包

气象决定衣物多少

出发前先上网查看天气预报，以便决定带什么样的衣物出门。冬季手套围巾不能少，但因法国冬天室内或公共运输皆有暖气，最普遍的穿法是着棉质衫再加件毛线衣，外面再穿保暖的外套或大衣，在室内将大衣脱掉避免在室内过热。夏季虽热，但早晚温差大，还是要带件风衣或薄外套以防着凉。法国空气干燥，如果自己清洗随身衣物，放置通风处一个晚上衣物就可风干。

如何准备行李箱

建议携带一个附滚轮的大行李箱、一个后背式背包与一个随身的小包包。近年来搭机的安检非常严格，搭机时务必将安检限制上机的物品全放在大行李箱托运，如需携带笔记本电脑或相机，最好还是放在背式背包里，随身包包则装证件与钱包。

注意航空公司的行李限制

一般航空公司的托运行李限制经济舱为20～30公斤，随身行李为7～10公斤，但实际重量限制依各家航空公司规定不同。需格外注意超重问题，因为超重的计费非常昂贵，最好在出发及回程前确认行李重量没超过限制。近年来因安全问题，随身行李的限制很严格，出发前一定要先查明或询问航空公司手提行李规则，以免出境检查时通不过。

> **出发前小提醒**
> **所有证件复印备份**
> 发卡银行与办卡银行大都有全球紧急救援及挂失电话，把它记下来。所有证件、机票都复印两份，一份放在家里留给家人，另一份放在行李箱里，或是把扫描件储存在自己的邮箱中。万一在外遗失或遭窃，这些备份可有效快速减缩补办证件的时间，也方便请家人代办挂失。

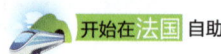

行李检查表

V	品名	说明
	护照	检查护照的有效期,至少要有6个月的有效期
	签证	核对生效与截止日期;如果想顺便去非申根国家,要记得另外办签证
	机票	往返时间要核对正确,机位必须先确认,并记得带航空公司当地的订位电话,或将电子票与订票记录存在电子信箱内
	提款卡	记得问发卡公司,可否海外提款并确认密码
	信用卡	如有必要,请发卡公司提高额度以备不时之需,并将海外救援及挂失电话记下来
	旅行支票	为了避免遗失被人冒用,记得先在所有人栏上签名,并记下每张旅行支票的号码
	现金	以欧元为主,如有信用卡及海外提款卡,则不用带太多现金,换时尽量不要换超过50欧元以上的纸钞
	驾照	欲在法国租车,需携带驾照正本及相关的公证文件
	国际学生证等	需先办理及确认有效日期,买学生优惠票券或住青年旅舍都可以节省旅费
	平安保险单	如有保险,可先询问保险公司有无海外紧急救援,善加利用海外紧急救援;如果没有,最好再单独买份旅行平安险,以防万一
	护照、证件复印件	两份,一份留给家人,另一份自己带着或放在信箱里,不慎遗失,补办时可用
	大头照	数张,买交通周票需用到,万一护照遗失也可补办护照时用
	零钱包	将零钱和信用卡的皮夹分开,买小东西用零钱包就好,方便又不怕被偷
	手机、电话卡	手机办理国际漫游时,记得将语音信箱功能关闭;国际电话卡打回国内较便宜,可至法国当地再购买
	肥皂、洗发精	青年旅舍有时需自备,不然到当地再购买也可以
	毛巾(浴巾)	青年旅舍需自备
	牙刷、牙膏	携带小包装即可,或是飞机上送的也很好用,不然也可在当地买
	化妆品、保养品	依个人需要,冬天带滋润的乳液、夏天带防晒乳,护唇膏千万别忘记
	吹风机、刮胡刀	按需自备
	洗衣粉	可利用酒店附赠的小香皂或在当地买
	背包、旅行箱	最好是可上锁的,尤其是住青年旅舍需注意
	小背包(提袋)	巴黎地铁扒手多,不易伸入且有拉链的最好
	贴身腰包	是防止贵重物品、证照遗失的最佳方式
	T恤、衬衫、套衫	舒服、透气、吸汗最重要
	防寒外套或夹克	即使夏天,早晚温差大,还是要带件保暖的衣物,冬天就更不用说了
	帽子、太阳眼镜	夏日防晒护眼,帽子冬天御寒
	内衣裤、袜子	免洗的内裤用完即丢,非常方便且不占空间
	生理用品	自行斟酌
	鞋子	好穿、舒服是第一考虑,样式简单的鞋子较易搭配各种场合的服装
	正式衣着	如需赴正式场合或较高级的餐厅就要准备
	常备药品	感冒药、肠胃药、止痛药等个人惯用的药品可以多带几份,并记下处方以便请法国药剂师开药
	笔、荧光笔	荧光笔画资讯重点用,圆珠笔选使用比较方便的
	通讯录	把要寄明信片的亲朋好友地址记起来吧
	记事本	记录行程与交通方式,或旅行中的点点滴滴
	记账本	依个人需要,三五好友一起旅行时最需要
	字典、翻译机	视个人需求而定,有时手机里也有翻译功能
	旅行资讯、地图	避免迷路的重要资讯,最好随身携带
	针线包、闹钟、指甲刀	针线包飞机上或饭店里有时会有,手机也可当闹钟用。指甲刀小型便于携带的即可;但记得搭飞机时,不要放在随身行李里
	雨衣、雨具	气候多变最难预料,防雨用具是必备品
	电压转换插头	使用电器者必备,需携带欧标旅行转换器
	照相机	带数码照相机要考虑电池及储存容量的问题
	个人备注	

表格设计:陈翠霏

机场篇
AIRPORT

抵达机场后如何顺利入出境

出境、入境应该往哪里走？从机场进入市区有哪几种方式？
各种交通方式的详细解说，带你顺利到下榻的酒店。

如何办理入出境手续 32	搭乘机场免费接驳地铁（CDGVAL） 40
抵达法国时的入境手续 32	如何从戴高乐机场到外省 41
认识巴黎国际机场 33	搭火车 41
戴高乐机场（Roissy CDG） 33	搭飞机 41
奥利机场（Orly） 33	租车 41
认识戴高乐机场第一航站楼（CDG 1） 34	如何从巴黎到戴高乐机场 42
搜集当地旅游资料 35	搭乘快速铁路（RER） 42
认识戴高乐机场第二航站楼（CDG 2） 35	搭乘华西机场巴士（RoissyBus） 43
如何从戴高乐机场到巴黎市区 36	搭乘法航机场巴士 43
选择何种交通工具 36	搭乘出租车 43
搭乘快速铁路（RER） 36	如何办理出境手续与登机 44
搭乘华西机场巴士（RoissyBus） 38	出境手续 44
搭乘法航机场巴士 39	基础法语 45
搭乘出租车 40	应用法语 46

如何办理入出境手续

一定要准备：护照＋来回机票

抵达法国时的入境手续

Step 1　入境海关检查护照
Douane

入境通关窗口会分为外国人(Étranger)与法籍与欧盟国家(Européenne)两边，而中国来的旅客自然要排外国人这边啰！有时为了让大批旅客能快速通关也会取消分边窗口，只要稍微注意一下通关窗口上面的灯号指示即可。准备好护照、来回机票，一同出示给海关人员。有时海关人员会要求旅客出示旅费及机票或是受邀证明。如被询问，即使不懂法语也无须紧张，用简单的英语海关人员还是可以听得懂的。

Step 3　入境法国
Entrée

领取完行李后，依照出口(Sortir)指示寻找出口。在法国入境时，并不会一一检查行李，但如果带的免税品超过限制，最好还是申报关税(申报关税物品处为"Objets à déclarer")，否则万一被检查到，可要罚上大笔税金的。

Step 2　领取行李
Livraison de bagage

依照飞机班次寻找行李的运输带。领取行李的地方叫 Livraison de bagage。近年常发生行李失窃的事件，领取行李时尽量靠近行李输送带的起端，还有贵重物品别放在托运行李里。

法国入境免税品规定

- 烟草类：香烟200支、雪茄50支、烟丝250克
- 酒精类：餐酒(如红酒、白酒)2升、22度以下的酒精饮料2升或是22度以上的酒精饮料1升
- 其　他：香水50毫升、淡香水250毫升、175欧元以下的礼品或货品，17岁以下禁带烟酒

Steps　入境法国步骤

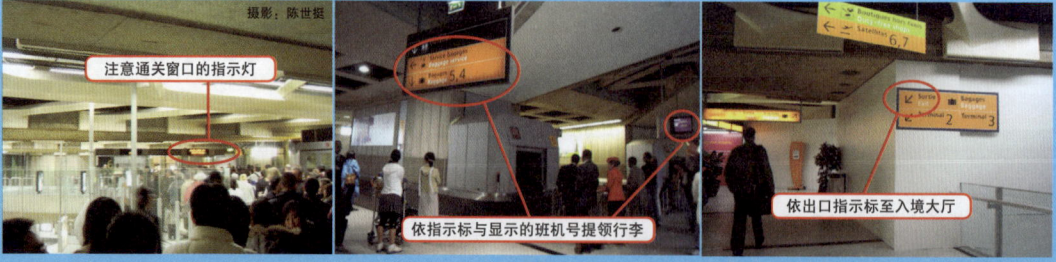

1. 海关检查护照　→　2. 领取行李　→　3. 正式入境

认识巴黎国际机场

巴黎主要有两个国际机场：戴高乐机场(Aéroport Charles de Gaulle，简称Roissy CDG)和奥利机场(Aéroport d'Orly)，但从亚洲起飞的班机仍以巴黎的戴高乐机场为主。如欲前往法国各大城市，则有飞机和火车两种交通方式接驳。

戴高乐机场（Roissy CDG）
www.aeroportsdeparis.fr

戴高乐机场是欧洲最大的机场，共有3个航站楼：第一航站楼(Terminal 1，简称CDG 1)、第二航站楼(Terminal 2，简称CDG 2)，主要负责长程班机的停靠；第三航站楼(Terminal 3)则是供空中巨无霸A-380或特殊机种起降所设置的航站楼。

从亚洲起航的班机大都在CDG1第一航站楼起降，如国航、新航、泰航等，东航、南航、国泰、日航、法国航空则在CDG 2第二航站楼起降。目前，国内的国航、东航及南航均有直飞巴黎的航班，航程约11小时；其他航空公司的班机则需飞至其他国家转机，所费时间较多，票价自然比直航来得便宜。

CDG 1是一栋共有11层楼的圆柱体建筑，但旅客使用的楼层只有入境层(Arrivées)、商店餐饮层(Boutiques)、出境层(Départs)与转机层(Correspondance)；CDG 2共有6栋并连呈曲线状的建筑，分别为2A、2B、2C、2D、2E、2F六馆，提供客机旅客出入境服务。地面层（1楼）为入境层(Arrivées)，2楼则为出境层(Départs)。

智能手机应用程序

图示	iSO 与 Android 系统皆适用
	My Airport de Paris 巴黎机场 可查询机场各项设施以及到达与出发班机的即时状况，尤其遇到罢工期的时候最好用。另可查询机场内的免税商店品牌与餐厅资讯。

旅法实用App推荐
helloparis.free.fr/france/app.html

奥利机场(Orly)
www.aeroportsdeparis.fr

位于巴黎东南郊区的奥利机场(Aéroport d'Orly，简称Orly)，服务法国国内班机与欧洲内陆、中东、非洲、拉丁美洲和远东等地的航线的起降。如有需要从戴高乐机场前往奥利机场，可搭乘RER快速铁路B线，直接到达同是B线上的Denfert Rochereau这一站，再搭乘机场接驳巴士前往；或是搭乘法航机场巴士，选择前往奥利机场的3号线，可直接抵达。

法国的一楼是国内的二楼

国内的一楼是指地面这一层，但在法国则称为"地面楼"（Rez-de-chaussée）或是"Niveau 0"，而我们所称的二楼则是"Niveau 1"，以此类推。在法国搭电梯如果要到一楼，记得按0或R就对了。

法 国	中 国
4e étage 或 Niveau 4	五楼
3e étage 或 Niveau 3	四楼
2e étage 或 Niveau 2	三楼
1er étage 或 Niveau 1	二楼
Rez-de-chaussée 或 Niveau 0	一楼
Sous-sol	地下室

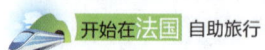

认识戴高乐机场第一航站楼（CDG 1）

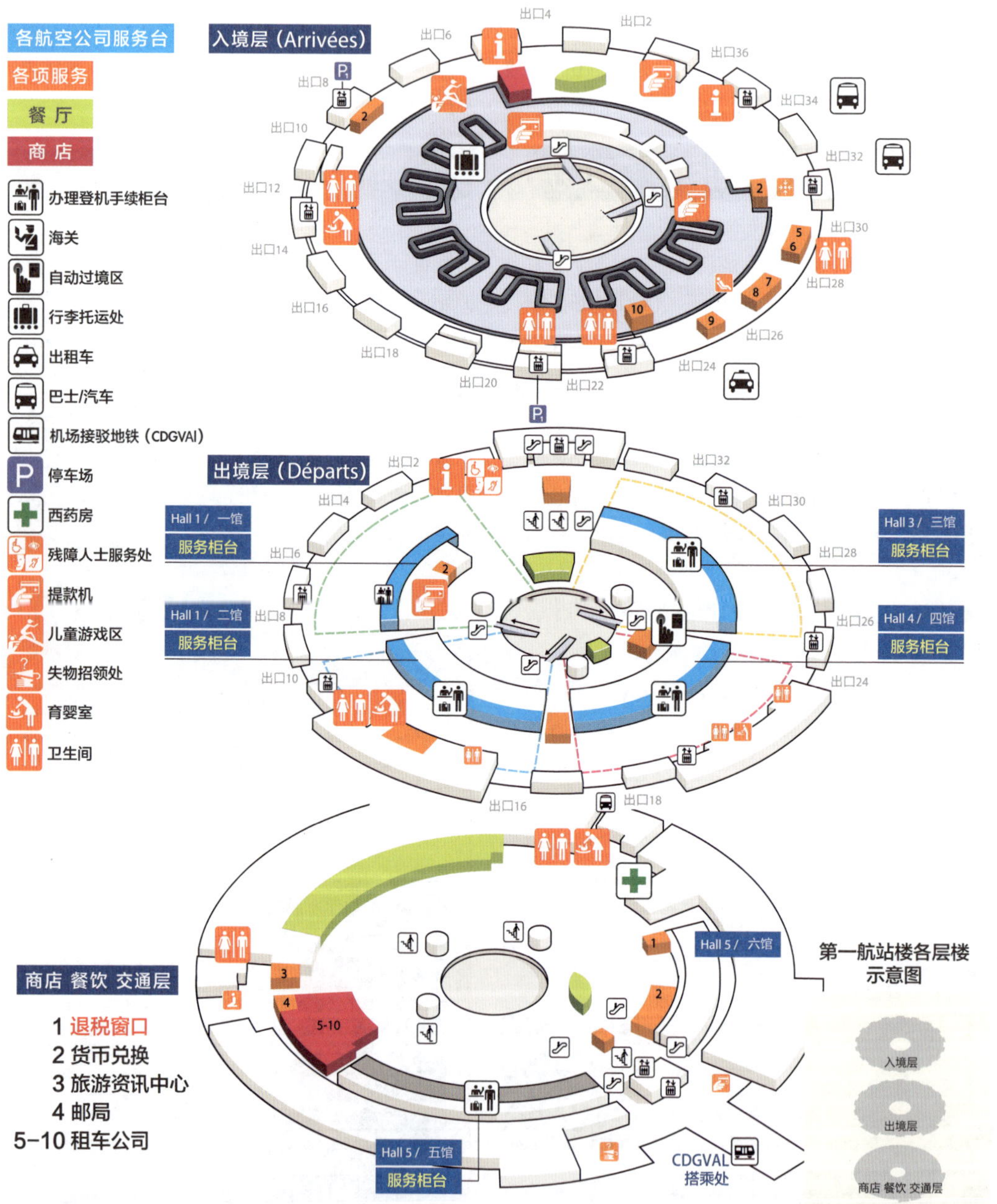
各航空公司服务台
各项服务
餐 厅
商 店
办理登机手续柜台
海关
自动过境区
行李托运处
出租车
巴士/汽车
机场接驳地铁（CDGVAl）
停车场
西药房
残障人士服务处
提款机
儿童游戏区
失物招领处
育婴室
卫生间
入境层（Arrivées）
出口2
出口4
出口6
出口8
出口10
出口12
出口14
出口16
出口18
出口20
出口22
出口24
出口26
出口28
出口30
出口32
出口34
出口36
出境层（Départs）
Hall 1 / 一馆
服务柜台
Hall 1 / 二馆
服务柜台
Hall 3 / 三馆
服务柜台
Hall 4 / 四馆
服务柜台
商店 餐饮 交通层
1 退税窗口
2 货币兑换
3 旅游资讯中心
4 邮局
5-10 租车公司
Hall 5 / 六馆
Hall 5 / 五馆
服务柜台
CDGVAL
搭乘处
第一航站楼各层楼示意图
入境层
出境层
商店 餐饮 交通层

地图制作参考来源：巴黎国际机场 (Aéroport de Paris)

*因篇幅有限，仅列出部分重要航站楼楼层。

Traveling in France

机场篇

搜集当地旅游资料

欧美人喜欢旅游，更喜欢参与当地的文化或活动，到旅游资讯中心(Tourisme-Information/Office du tourisme)找最新的旅游情报是最聪明的方法！也许会碰上令你终生难忘的嘉年华会或是省钱的折扣季！旅游资讯中心通常设在机场、大车站(夏季也会设在观光景点)。中心免费提供一些旅游资料，别看这小小的宣传品，上面除了有地图让你快速了解当地地理位置之外，还常会有各种优惠券(Coupon)呢！

在各机场皆设有旅游资讯中心，并提供地图与景点资讯。

机场资讯这里查

巴黎国际机场网站（www.aeroportsdeparis.fr）
可查询最即时的机场动态，包括班机起降状态、机场各项设施与服务，以及登机相关注意事项。
巴黎机场免费提供 15 分钟的 Wi-Fi 上网。

认识戴高乐机场第二航站楼（CDG 2）

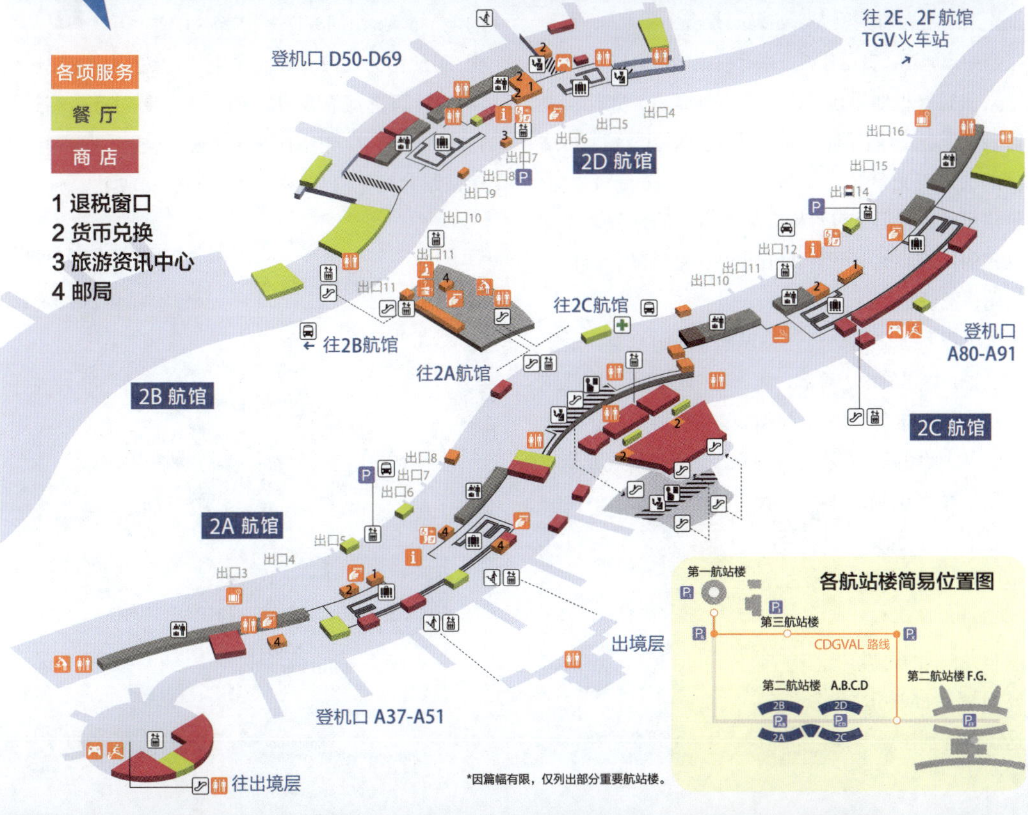

各项服务
餐厅
商店

1 退税窗口
2 货币兑换
3 旅游资讯中心
4 邮局

*因篇幅有限，仅列出部分重要航站楼。

如何从戴高乐机场到巴黎市区

快速铁路(RER)、巴士、出租车

从机场到巴黎市区的方法有好几种,最好事先就查好下榻酒店的所在位置,再考虑用什么样的方式比较容易到达。搭乘的地点要先弄清楚,是在出境层(Départ)还是入境层(Arrivées),再乘大型电梯到达要去的层面。

选择何种交通工具

搭巴士车程45分钟～1小时,可直接在巴士上买票,最好先预备零钱,因为车上有时无法找零。法国的机场巴士不像北京有好几个下车点,只有在起点与终点允许上下车。搭乘巴士需注意遇上塞车的可能,尽量把时间留得宽裕些。搭RER快速铁路比较快速节省,但缺点是上下月台阶时,提着一大堆的行李上上下下实在有些累人。如果同行有3～4人,则建议搭乘出租车,费用分摊下来有时比坐巴士划算。

旅游行程如果包含多个郊区的景点,如凡尔赛宫或巴黎迪斯尼乐园(2圈以外的景点),建议买5圈的巴黎观光票(Carte Paris Visite－zones 1 à 5),价格虽较高,但也包含从机场到市区的行程,还有许多的优惠。此卡可至RER车站、地铁的售票口或自动售票机购买。

大巴黎地区的交通运输以圈(Zone)来算,最多到5圈。以巴黎中心算起,离巴黎中心越远,圈就越多。机场和迪斯尼乐园虽然都是在巴黎的郊区5圈范围内,但戴高乐机场较为特殊,唯有巴黎观光卡才可以搭乘至机场,即使使用5圈的全日卡,也无法搭乘至戴高乐机场,除非买5圈的周票或月票(Navigo),这点需特别注意。

搭乘快速铁路(RER)

搭乘RER快速铁路的B线进入巴黎市中心是最快速与最省钱的方式,也不会受塞车的影响。发车间隔10～15分钟,车程35～50分钟,到达巴黎市中心再转搭地铁或巴士、出租车到达目的地。搭乘时,如有许多行李不方便上下楼,可使用为残障者设置的电梯,会省力许多。进票闸口时,可选择靠两边的闸口,会有针对行李箱过闸口的行李滑道,先将行李推过去,再放票进闸口。(快速铁路介绍见"巴黎交通篇"第76～87页)

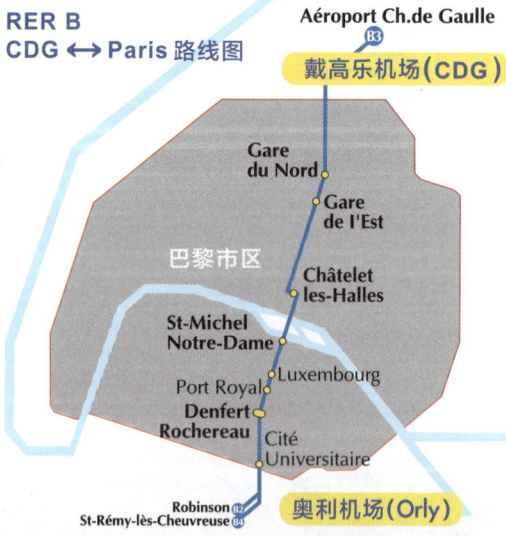

Traveling in France

机场篇

 Step 1 搭乘机场接驳地铁（CDGVAL）

如果是从第一航站楼（CDG 1）出境，出境后需搭乘免费的机场接驳地铁（CDGVAL）。CDG 1的CDGVAL车站位于最底层的商店餐饮层楼。从第二航站楼（CDG 2）则不用搭乘接驳车，直接前往位于2C与2E馆之间的快速铁路（RER）B线车站即可，只要稍微注意指示标"CDGVAL"就可以找得到。(相关介绍请见第40页。)

 Step 2 前往RER车站

搭乘CDGVAL接驳车，前往快速铁路（RER）B线车站，在月台上会有CDGVAL的路线图。

 Step 3 买车票进站

到了快速铁路（RER）B线车站后，先至售票口或自动售票机买票。进票闸口时，从有指示标的地方将票放进去，在箭头的地方接票，闸门就推得开了。记得要把票收好，出快速铁路时还会用到。如果排队购票的人很多，可利用自动售票机买票（购票示意图见第86页）。

 **Step 4 前往巴黎的班次**

找前往巴黎方向的月台。在月台上有到站班次的资讯，最好选择"巴黎直达车"。在看板上有亮灯的表示会停站，所以选只有巴黎可停的直达车会比较快! 在巴黎市内的站有：

Gare du Nord →
Gare de l'Est →
Les Halles →
St-Michel →
Luxembourg →
Port-Royal →
Denfert Rochereau →
Cité Universitaire

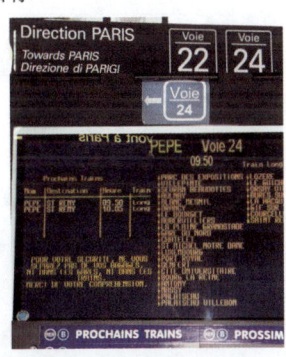

 Step 5 转乘其他交通工具

至巴黎市区后，再转乘其他交通工具，如地铁或巴士。记得要将车票收好，出RER站时需再将票放入闸口，之后仍可继续搭乘其他线的地铁。但如果转乘巴士，除了巴黎观光卡或月票（Navigo）卡可无限制使用外，买联票或单张票的，就须再使用另一张票转乘巴士。

RER B 线搭乘资讯

起讫点	搭乘处	票价	班次
戴高乐机场 (Charles de Gaulle) — 巴黎市中心 (Paris)	CDG1：从最底层的商店餐饮层楼出口搭乘机场接驳地铁（CDGVAL）至RER车站 CDG2：位于2C与2E馆之间的快速铁路（RER）B线车站	单程全票9.75欧元，优惠票6.85欧元；10张联票全票78欧元，优惠票54.80欧元	04:56～23:56 每10～15分钟一班

*优惠票：残障者、老人、小孩。

搭乘华西机场巴士（RoissyBus）

 RoissyBus

华西机场巴士为巴黎大众运输公司（RATP）的附属机场巴士，从戴高乐机场至终点站巴黎歌剧院。从机场到巴黎市中心车程40～60分钟，全程并无停靠站。到达终点站时，站旁就有一个巴黎旅游资讯服务中心，可询问任何巴黎的资讯或代订酒店，也有一些旅游产业的优惠券与简介，对于行前没收集资料的人来说相当方便。

Step 2　至柜台买票

寻找到搭乘处后，在附近的ADP柜台买票。如果车子即将出发，也可以在车上向司机购买，最好先自备零钱或小面额的钞票。

Step 1　寻找搭乘处位置

出境后，先依机场位置图找到Roissybus的搭乘处。

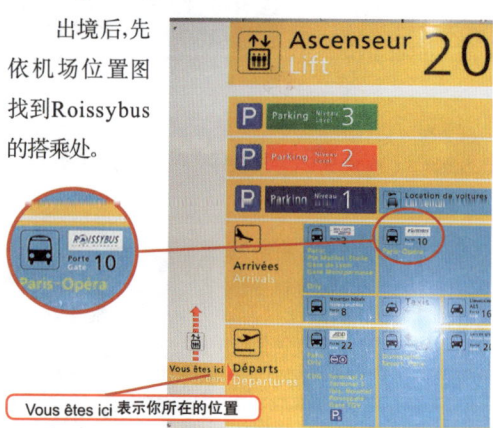

Vous êtes ici 表示你所在的位置

Step 3　确认班车

搭乘的地方会立有RoissyBus的车牌，上车前确认巴士上面的起始与目的地为"Paris-Opéra"。

华西机场巴士这里查

RATP 附属机场巴士资讯网站
www.ratp.fr/fr/ratp/c_20579/roissybus
　　巴黎大众运输公司（RATP），针对游客所设置的网页。

Step 4　转搭其他交通工具

直接到达巴黎歌剧院，再转搭其他交通工具至目的地。

华西机场巴士搭乘资讯

起讫点	搭乘处	票价	班次
戴高乐机场(Charles de Gaulle) → 巴黎歌剧院(Paris-Opéra)	CDG1：到达楼层（Arrivées）的8号出口 CDG2：A馆与C馆9号门，B馆11号门，E馆与F馆连接通道处5号门 CDG3：航站大厅	单程10.5欧元	06:00～23:00 每15～20分钟一班

资料来源：2014年巴黎大众运输公司（RATP）官方网站（资料时有变动，出发前请上网再次确认）。

搭乘法航机场巴士

法国航空公司（Air France）附属的机场巴士，价格较高，但选择也比较多。法航巴士共有4条路线可供选择，其中经过戴高乐机场的路线就有3条。第4条路线经里昂和蒙帕那斯车站，适合部分需要搭火车到外省的旅客。

Step 1 寻找搭乘处位置

确定自己要搭乘的是几号线。出境后，先依机场位置图找到法航巴士的搭乘处。再到搭乘处附近的法航柜台购票，或直接上车向司机购买。

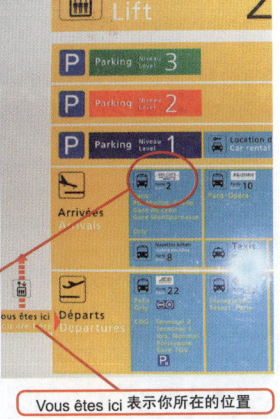

Vous êtes ici 表示你所在的位置

Step 2 确认路线搭乘

上车前先确认路线，在巴士的前端会显示路线号码与目的地。如果有多站下车处，车内也会有指示灯显示到达的站点。

Step 3 转搭其他交通工具

到达停靠点或终点站后，如奥利机场或火车站后，再转搭其他交通工具至目的地。

法航机场巴士这里查

法国航空公司附属机场巴士资讯网站
 https://www.lescarsairfrance.com

可查询最新的路线图与价位，包括详细的时刻表，还可以在网上购票。

法航机场巴士搭乘资讯

路线	起讫点	搭乘处	票价	班次	适合对象
2	戴高乐机场（Charles de Gaulle）→马约门门（Porte Maillot）→凯旋门（Arc de Triomphe）	CDG1：到达楼层（Arrivées）的2号出口 CDG2：A馆与D馆6号门，E馆5号门，E馆与F馆连接通道处3号门	单程16.10欧元 来回27.50欧元 2～11岁孩童7.5欧元 4人以上团体可享15%的折扣	06:00～23:00 每20分钟一班	从戴高乐机场至巴黎市中心的旅客
3	戴高乐机场（Charles de Gaulle）→奥利机场（Orly）	CDG1：34号门 CDG2：2B 1号门，2C 2号门，2E与2F馆之间大厅门口	单程20欧元 2～11岁孩童9.5欧元 4人以上团体可享15%的折扣	06:30～22:30 每30分钟一班	从戴高乐机场至奥利机场转机的旅客
4	戴高乐机场（Charles de Gaulle）→里昂车站（Gare de Lyon）→蒙帕那斯车站（Montparnasse）	CDG1：到达楼层（Arrivées）的32号出口 CDG2：A馆与C馆2号门，D馆1号门，E馆与F馆连接通道处3号门	单程16.60欧元 来回28.50欧元 2～11岁孩童8欧元 4人以上团体可享15%的折扣	06:30～21:00 每20分钟一班	入境法国后想直接转搭火车到法国其他省份的旅客

资料来源：2014年法航巴士官方网站（资料时有变动，出发前请上网再次确认）。

搭乘出租车

法国的出租车计费方式有许多种，依区域省份，或依时段及行驶时间、行李数不同而计费不同。出租车虽然价格较贵，但方便快捷，是别的交通工具比不上的。在每一个航站楼皆设有出租车招呼站，须依排队顺序搭乘。在法国，出租车不含司机，限乘3人，这点跟北京不同，需特别注意。如果想要4人共乘，须先征求司机的同意，并酌收2～5欧元不等的费用。有时司机也会针对行李箱收取费用，1个行李箱需付1欧元的服务费。

从机场到巴黎市区的出租车费40～50欧元不等。价格除了正常打表之外，会因为时段、行李数、区段（市区或郊区）、是否塞车及路程而有所不同。许多司机会使用GPS导航系统，将地址直接交给司机设定，是最快的沟通方式。

机场接送专车或共乘

除了出租车，巴黎也有多家提供专车或共乘的机场接送服务，单人单趟的价格在24～30欧元之间。只要在网上预约与估价即可确认，省去到出租车站找出租车的时间。

Super Shuttle　W　www.supershuttle.fr/en
Paris Shuttle　W　www.paris-shuttle.com

出租车搭乘资讯

起讫点	搭乘处	票价
戴高乐机场(Charles de Gaulle)→目的地	CDG 1：到达楼层(Arrivées)的20号出口 CDG 2：A馆及C馆的6号出口，D馆7号出口，E馆及F馆之间的1号出口 CDG 3：到达大厅出口	到巴黎市区 40～50欧元不等

搭乘机场免费接驳地铁（CDGVAL）

CDGVAL是机场接驳地铁的简称。CDGVAL将所有重要的点串联起来，使机场周边的交通更为顺畅，也带给旅客很多的方便。CDGVAL 24小时全天营运，从04:30至次日01:30，每5分钟一班，其余时间则是每20分钟一班；全段车程只要8分钟即可抵达。CDGVAL也是欧洲唯一双向自动驾驶功能的列车。搭乘时，注意不要坐错方向，但即使错了也不要慌，再搭下一班反方向的即可。

CDGVAL 搭乘资讯

路线	搭乘处
第一航站楼(Terminal 1)→停车场(Parc)→第三航站楼与RER车站(Terminal 3, RER B)→停车场(Parc)→第二航站楼与火车站(Terminal 2, Gare)	CDG 1：商店楼层(Niveau Boutiquaire) CDG 2：2C、2D与2E、2F馆之间的车站

CDGVAL 这里查

机场免费接驳地铁（CDGVAL）资讯网站
W　www.cdgfacile.com
　　介绍前往机场的各种交通方式，包含地理位置介绍，也提供机场周边交通的相关资讯。

如何从戴高乐机场到外省

入境法国直接至其他国家、省份、城市的方法。

搭火车还是搭飞机至外省？从戴高乐机场出关后有好几种方式前往外省，除了搭火车外，也可选择搭飞机或租车前往。无论是哪一种方式，都要先确定是从哪个机场、火车站或租车取车地出发，这样才能规划如何衔接不同的交通工具与完整的路线。

搭火车

在国内就先查明到哪一个火车站去搭火车。虽然从机场附近的火车站可以到达法国外省或其他城市，但班次较少，而且需要注意到达法国的时间，是否与搭火车的时间衔接得上。选择由巴黎的火车站出发，班次会比较多。但巴黎市内共有6个火车站，分别负责运输旅客到不同的省份与国家，万一跑错就麻烦了。最保险的方式是，先在国内就把班次与搭乘的火车站名查好，或到机场时再前往机场的旅游资讯中心确认或请求给予建议。

在机场第二航站楼（CDG 2）也有法国铁路运输系统（SNCF）的车站 Aéroport Paris(CDG 2) Gare TGV，但从这个车站出发的班次比较少。如果是在第一航站楼（CDG 1），就需要先搭乘机场接驳地铁（CDGVAL）至第二航站楼（CDG 2）的车站，再至 SNCF 的售票处询问买票或直接在自动售票机处购买。

前往蒙帕那斯车站（Gare Montparnasse）或里昂车站（Gare de Lyon），可搭乘法航（Air France）的4号线机场巴士直接到达；前往其他火车站，则直接搭乘 RER B 线比较方便。

搭飞机

搭飞机也是前往法国其他城市节省时间的另一种选择，但从巴黎出发到法国其他城市的班机，以巴黎奥利机场（Aéroport d'Orly，简称Orly）为主。从戴高乐机场到奥利机场除了可直接搭乘快速铁路（RER B）线外，也可选择搭乘法航的3号线巴士。虽然巴士可直接到奥利机场，但每30分钟一班车次，且偶尔会遇上交通拥塞，加上办理登机手续的预留时间，需考虑时间是否充裕。

租车

如果计划一到法国就租车前往外省，就得在出发前在租车公司的网站上预约，通常需要48小时的预约时间。在网站上预约时，需注意取车地点在哪一个机场与航站楼，每个航站楼均设有租车公司的柜台。依照起降机场与航站楼取车，才不至于选错取车地点。

租车公司的柜台多设立在每一个航站楼的入境层（Arrivées），取车地点为机场附设的停车场（详细的租车注意事项请参阅第71页）。

如何从巴黎到戴高乐机场

快速铁路（RER）、巴士、出租车

怎么来就怎么回去，因为所有交通方式的停靠站，都跟从机场进入巴黎时同一个地方。

如果是搭乘华西机场巴士（RoissyBus）进入巴黎，还记得它的终点站在巴黎歌剧院后方吗？所以前往戴高乐机场的华西机场巴士起始站，也就是当初下车的地方，只要进巴黎时多注意是在哪里下车的，就很容易找到回去的路。出发时若是上下班交通拥塞时段，还是搭快速铁路（RER）B线最保险，因为其他的交通方式都是走高速公路，有时会遇上交通高峰而塞车。如果要搭巴士最好多预估所需时间。

搭乘快速铁路（RER）

找到地铁站

无论从哪一个地铁站出发，都可以连接到前往机场的快速铁路（RER）B线。在地铁站里到售票窗口或自动售票机处购买前往戴高乐机场的车票。

 搭乘前确认方向

只要转车找到RER B线就不困难了。坐上车时，要先看一下停站的灯，要有飞机的标志；只有标示Aéroport Ch. de Gaulle 的灯亮，才表示会到戴高乐机场，而且亮的灯越少表示停靠站越少，当然也就较节省时间。建议多等两班等到直达车再坐，会省下很多时间。

 出快速铁路车站

下车后依标示往机场的方向走，出RER的票闸口时，仍需要再将票放入闸口才可通行。顺着标有机场免费接驳地铁（CDGVAL）的标志走。

第一、第二航站楼

换乘机场免费接驳地铁

机场免费接驳地铁（CDGVAL）每2分钟就有一班，非常快速方便。月台上以及车厢内皆可看到CDGVAL的路线图，再依航站楼下车即可到达各馆。如果是第二航站楼（CDG 2)，则不需转搭CDGVAL。

搭乘华西机场巴士（RoissyBus）

如果是搭乘地铁到乘车处，在Auber、Opéra或Chaussée d'Antin这几站下都可以。在地铁里注意一下RoissyBus的地点位置牌，依照指示方向前往，出了地铁、到地面层之后，找寻rue Scribe和rue Auber的交接转角就是了。搭车处就在巴黎歌剧院建筑的正后方。直接在候车亭旁的售票机购票前往戴高乐机场。

票价	班次
单程10欧元	05:54～23:00每15分钟一班

搭乘法航机场巴士

依自己所在的位置选择最近的搭乘处。上车时直接向司机购买前往戴高乐机场的车票即可。前往戴高乐机场的法航机场巴士有如下3条路线:

搭乘出租车

在离开酒店的前一个晚上，请柜台人员先预约出租车，或是询问最近的出租车招呼站的地址直接前往。但巴黎的出租车不像北京那么普遍，最保险的方式还是请酒店预约叫车。另一种越来越多的人利用的交通方式是小型巴士。巴黎有专门载客到机场的小型巴士运载服务，价格比出租车便宜一些，以人头计算，只要出发前24小时先打电话预约，就可以直接提供上门（Door to Door）服务。唯一的缺点是有时会迟到，为了载满客户以获取经济效益，难免会等迟到的客人而耽误时间。

机场出租车哪里叫

预订出租车
- Alpha Taxis：01 45 85 85 85
- Les Taxis Bleus：0 891 70 10 10
- Taxis G7：01 47 39 47 39
- Taxis 7000：01 42 70 00 42
- G7 Horizon：01 47 39 00 91

路线	搭乘处	票价	班次
2	马约尔门（Porte Maillot）搭乘处在Bd Gouvion St-Cyr 凯旋门(Arc de Triomphe)搭乘处在Av. Carnot	单程16.10欧元，来回27.50欧元 2～11岁孩童7.5欧元 4人以上团体可享15%的折扣	06:00～23:00 每20分钟一班
3	在奥利机场西馆(Ouest)的D号门 以及南馆(Sud)的K号门搭乘	单程20欧元 2～11岁孩童9.5欧元 4人以上团体可享15%的折扣	06:30～22:30 每30分钟一班
4	蒙帕那斯车站(Gare Montparnasse)搭乘处在面对车站左侧Rue du Commandant Mouchotte路上，除了搭地铁到蒙帕纳斯（Montparnasse）站外，地铁站Gaîté离搭车处也很近	单程16.60欧元，来回28.50欧元 2～11岁孩童8欧元 4人以上团体可享15%的折扣	06:30～21:00 每15分钟一班

＊资料时有变动，出发前请上网再次确认。

表格整理：陈翠霏

如何办理出境手续与登机

退税、办理登机手续、登机

近年来，因安检问题规定严格，就连出境的检查手续也变得较为繁复，最好至少提前两个小时到机场。如果需要办理退税，那就更要提早至机场办理，因为光排队退税就会耗掉许多时间。

出境手续

Step 1　找到航站楼与出境层

确认班机是在哪个航站楼起飞。到达机场之后，再确认自己的所在位置是在出境层(Départs)，如果不是，可以循着办理登机手续处(Enregistrement)的指示标前往。

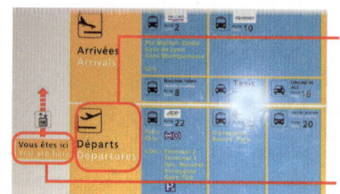

只要有这个起飞的飞机标志，即表示这一区或层是出境层

vous êtes ici 表示你目前的位置

Step 2　查看班机资讯

在机场内有许多资讯看板及电视提供飞机起飞或降落的资讯，要看"Départs"这一栏，才能找到即将起飞的班机的资讯。找出自己的班机号码及登机门。

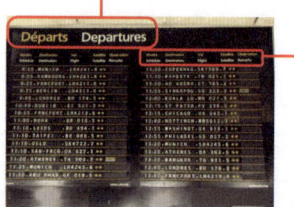

找到 Départs 才是起飞班机的资讯

Horaire 起飞时间
Destination 目的地
Vol 班次号码
Satellite 登机门
Observation 备注 (飞机是否延迟会在这栏显示)

Step 3　办理退税

如有物品需退税，在办理登机手续之前连同购买的退税物品(行李)，一起至退税窗口办理退税。CDG 1 的退税窗口在 16 号门内侧。CDG 2 在每一个航馆皆有退税窗口。退税后将客户联(绿色)收好，再将店家联放入信封内，投入柜台旁的黄色邮筒即可。需注意信用卡和现金的退税窗口不一样(详细退税方式请参阅"购物篇"第134页)。

Step 4　办理登机手续及托运行李

寻找所搭乘的航空公司办理登机手续的柜台，柜台的上方会显示航空公司可办理登机手续的班机号码与目的地。无论是托运或是自带行李，皆需要挂上标有姓名与地址的纸名牌。纸名牌可向办理登机手续的柜台索取。在进入办理登机等候区时，安全人员会询问有关行李的安全问题，如是否有陌生人托带行李或物品等，只要照实回答即可。有些航空公司也提供24小时内网上办理登机手续的服务，可省去一些至机场才办理登机手续的时间。

Step 5 出境海关检查

进入登机区时，需出示护照以及登机证，之后即是海关柜台。在检查完护照与登机证之后，海关人员会在护照内盖出境章，表示完成出境程序。

Step 6 登机

到达候机室之前，有时仍然会有安全检查，尤其是针对禁止携带上飞机的物品。在候机室请仔细聆听广播，空服人员会依座位的号码与舱别先后次序让旅客登机，如果登机时间延误也会以广播方式告知旅客。

行李超重怎么办

以邮寄的方式送达

不小心买了太多的物品，行李超重的费用又特别贵，怎么办？这时除了请同行的同伴分担一下之外，还有另一个办法，就是使用邮寄方式，将物品寄送到家里。

每一个航站楼都设有邮局，利用机场的邮局邮寄超重的行李，总比行李超重计费来得划算。

在邮局直接购买已经计算好容量重量的纸箱，把东西装进去就直接可以寄了，寄达时间 7~10 天。这种现成的包裹服务为 Colissimo emballage international，分以下 3 种尺寸：

尺寸	重量（公斤）	容量（厘米）	价格（欧元）
L	5	315X210X157	39.85
XL	7	383X250X195	46.75
1 Bouteille 酒瓶	2	390X168X104	34.10

基础法语

进入法国，也表示开始进入法文世界啰！以下几个单词会常常听到法国人挂在嘴边，最好试着记住，会帮助你度过愉快的法国之旅！

用汉语标示是为了帮助记忆，字体比较小的发音发轻一点。如果不会发音，听听法国人怎么说很快就可以抓到诀窍！

谢谢！	Merci！	（妹喝西）
日安，你好！	Bonjour！	（崩如喝）
对不起！	Pardon！	（八喝洞）
抱歉！	Désolé！	（爹走雷）
再见！	Au revoir！	（欧喝发）
很好！	Bien！	（毕艳）
太好了！	Très bien！	（太毕艳）
还好吗？/ 还好	Ça va？/ Ça va	（沙夫哇）
是 / 不是	Oui / Non	（无一 / 弄）

机场随处可上网

无论在哪个机场，随处都可以上网！无论是平板、智能手机、手提电脑，皆可使用巴黎机场 15 分钟的免费 Wi-Fi 服务。只要将手提电脑放在平台上，打开无线接收，再打开浏览器，就会显示登录页面。如需长时间上网，就需要打开浏览器，并依指示填入信用卡号码付费后才能使用。

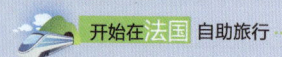

应用法语

应用单词

Arrivée 入境
Départ 出境
Entrée 入口
Sortie 出口
Le Nom 姓名
Zéro 0
Un 1
Deux 2
Trois 3
Quatre 4
Cinq 5
Six 6
Sept 7
Huit 8

Neuf 9
Dix 10
Onze 11
Douze 12
Treize 13
Quatorze 14
Quinze 15
Seize 16
Dix-sept 17
Dit-huit 18
Dix-neuf 19
Vingt 20
Trente 30
Quarante 40

Cinquante 50
Quatre-Vingt 80
Cent 100
Mille 1000
Dix mille 10 000
Cent mille 100 000
Lundi 星期一
Mardi 星期二
Mercredi 星期三
Jeudi 星期四
Vendredi 星期五
Samedi 星期六
Dimanche 星期日

世界大不同

在法国，无论是在商店、酒店或柜台，遇见人就会向对方说"Bonjour"（崩如喝），即"日安，你好"。离开时会互相说"Au revoir"（欧喝发），即"再见"而"Merci"（妹喝西），即"谢谢"更是最基本的礼貌用语。不小心撞到人也记得要说"Pardon"（八喝洞），即"对不起"。通常法国人遇到朋友或家人会以互碰脸颊的方式问好，如果你不习惯这种方式，也可以以握手的方式代替。

实用会话

Quel est le but de votre voyage？
你来法国的目的是什么？

Tourisme / Affaires
旅游 / 商务

Je vais loger à l'hôtel ____.
我将住宿在____饭店。

Où je peux retrouver mes bagages？
哪里可以找到我的行李？

Je ne retrouve pas mes bagages！
我找不到我的行李！

Un billet pour aller à Paris, s'il vous plaît.
一张票，到巴黎。

Un billet pour l'aéroport Charles de Gaulle.
一张票，到戴高乐机场。

Où est la sortie pour ____？
到____的出口在哪里？

Je voudrais un aller simple.
我要买一张单程票。

Je voudrais un aller-retour.
我要买一张来回票。

Où est le guichet？
售票口在哪里？

Cet autobus va-t-il à ____？
这班公交车到____吗？

Ce train va-t-il à ____？
这班列车到____吗？

Où je peut prendre RoissyBus pour aller ____？
到____哪里可以搭华西机场巴士？

Où je peut prendre le Bus d'Air France pour aller ____？
到____哪里可以搭法航机场巴士？

Où je peux prendre un Taxis？
哪里可以搭出租车？

C'est combien pour aller à ____？
到____多少钱？

Combien de temps pour y aller？
到那里需要多少时间？

Conduisez-moi à l'aéroport Charles de Gaulle Terminal 1.
请载我到戴高乐机场第一航站楼。

Je suis pressé.
我赶时间。

Nous sommes ____ personnes.
我们有____个人。

A coté de la fenêtre.
靠窗的位子。

Où se trouve le bureau d'information？
哪里找得到旅游资讯中心？

Détaxez s'il vous plaît.
我要办理退税。

Pourriez-vous rembourser sur mon compte？
可否直接退税在我的账户里？

Où trouver un cabine téléphonique？
哪里可以找到公用电话？

住宿篇
ACCOMMODATION

住宿地点怎么选择、怎么找

离市区近、交通方便但怕太贵？选择美景与悠闲的氛围，却担心在交通上花费太多的时间？选择合适的住处，是拥有美好旅行的关键！

选择合适的住宿地点	48
考虑地点＝交通要便利、考虑价钱＝符合预算	48
考虑时间＝视天数决定	48
如何在出发前找好酒店	49
如何到当地直接订房	50
住宿省钱小贴士	51
住宿种类	52
酒店	52
青年旅舍	54
家庭旅馆	55
房间出租、短期出租公寓	56
露营、沙发客	57
应用法语	58

选择合适的住宿地点

出发前，先将酒店位置与前往方式打印出来。

以旅游业闻名全球的法国，每年接待的游客超过上千万人，自然而然住宿的需求也高。在法国的各大城市不需担心找不到酒店，但是如果碰上法国的旅游旺季，就有可能会遇上一房难求的状况，唯一能解决的方式就是提早预订。

考虑地点＝交通要便利

如有计划游走好几个城市，那么住宿地点最好就在火车站附近，除了会省下不少时间外，火车站周边的交通也会比较便利。在网上选择酒店时，最好先查明酒店位置，并确认从地铁到酒店步行所需时间是否超过10分钟以上，尤其拖着行李走是很累人的。

在比较小的镇上或村庄，人都是设备简单的小旅馆，或以家庭旅馆方式经营，这些家庭旅馆通常都需要以车代步，一般的大众运输是到不了的，除了以租车方式前往外，很难到达。

考虑价钱＝符合预算

淡、旺季的住房价格差距颇大，做旅游计划如有预算上的考虑，可选择淡季，有时价格差距会在30%以上。离旅游景点近的酒店价格会比较高，可选择离市中心或热闹区域较远，但步行可到达的区域，价格会较实惠。

最便宜的住宿方式还是青年旅舍。住宿青年旅舍有时并没有年龄的限制，但通常以人头数来算，如果两人以上，可比较二星级的酒店价位，有时反而比青年旅舍便宜。青年旅舍通常限制较多，行李保管也没酒店安全，想要晚归还是酒店较自由些。

法国有许多历史悠久的老旅馆，设备大都很老旧，隔音也不是很好，但古色古香且具有历史价值的旅馆却是亚洲少见的。

考虑时间＝视天数决定

如果旅游行程天数不多又紧凑，不如选择较高级舒适的酒店或商务酒店，让身体能够充分地休息；但如果同行多人且停留时间也够长，不妨考虑出租公寓或是在法国的中国人所提供的短租公寓。公寓的好处是，有厨房可使用，可省下不少上餐馆的费用。

Traveling in France

如何在出发前找好酒店

住宿篇

充分利用网络，因为网络使一切酒店的服务与价格透明化，也多了比价的空间。使用Google Map，网上就可查阅地图。订房后，记得将确认信订印出来，入海关被抽检即可出示。以下介绍几种预订房间的方式。

全球订房系统：算是最方便的订房网站，设有多国语言的界面，且各地的酒店都订得到。适合作多国旅行计划的订房，但价格也偏高，优点是可以看到完整的条件比较与资料。

当地的旅游资讯网站：法国每个省份都有旅游资讯中心网站，大多会提供当地酒店的信息。优点是可以找到具有地方特色的酒店或家庭式旅馆，缺点是旺季时很容易客满。

旅行社配套方案：如果买机票或火车票一起搭配订酒店，通常会有不错的优惠，且皆是二至四星的酒店。但需注意酒店的位置，有些会离市中心很远，缺点是和火车或机票绑在一起，计划的变动弹性较小。

各酒店独立网站与欧洲连锁酒店：有较多的即时优惠，并提供当地的一手旅游资讯，对酒店的设备与周边也有详细介绍。连锁商务酒店设备较现代化，地理位置与交通也会较方便，价格通常以平日和周末区分，周末的住房价格会比较便宜。

当地中国人社区网站：人在异地语言又不通，找当地中国人经营的家庭旅馆或短租，多少较有亲切感。优点是价格实惠，但缺点是住宿条件良莠不齐，且大部分的家庭旅馆都无法出具住宿证明。订房前先详细阅读"入住注意事项"，每家家庭旅馆的入住规则都不大一样，也通常是产生纠纷的原因，需特别注意。

法国的酒店星级怎么区分

只要是法国旅游局核准通过的酒店、旅馆，都会有"H"字样与星数的牌子挂在门口。法国星级评判标准与国内不同，酒店与旅馆依设备、历史、服务与软硬件而分为6个等级，分别为无星、一至四星以及四星以上。在法国几乎看不到五星级酒店。有许多水准够的酒店并不愿意升级至四星级，因为付的税是照等级升的，四星税比三星多很多，为了节税还是"留级"比较聪明。巴黎的价格比一般其他城市高出约30%。

法国酒店的分级制度

星级	价位
无星级 (sans étoile)	单人房30€以上，双人房40€以上
一星级 (une étoile)	单人房30€以上，双人房40€以上
二星级 (deux étoiles)	单人房55€以上，双人房75€以上
三星级 (trois étoiles)	单人房90€以上，双人房90€以上
四星级 (quatre étoiles)	单人房165€以上，双人房165€以上
四星级以上 (quatre étoiles de luxe)	单人房355€以上，双人房425€以上

如何到当地直接订房

到了法国有没有可能直接在当地找酒店？怎么找？最保险的方式是直接到旅游服务中心询问，告诉服务人员你的预算、区域，以及想找的酒店类型，资讯中心就会提供有空房的酒店资讯，代订并告知如何前往。请旅游服务中心代订是较为快速方便的方式。代订通常是免费服务，但有些省份会收取低额的服务费。在旅游旺季时所剩的空房，通常是价位较高的房间，当然也较舒适。

看到酒店亲自进去询问也是不错的方法，好处是可以要求先看房间及设备，满意之后才决定是否入住。

如何知道房价

酒店门口有价目表

人已经在法国了，如何知道酒店的价钱呢？除了网上查询外，酒店门口通常会直接贴出价目表，但其实价格弹性很大，只要看到外头的公开定价是在可接受范围之内，不妨进酒店问问看。有时便宜的房间会被先订走，只剩较贵的房间。而度假胜地的酒店客满是常有的事，只要看到客满（Complet 或 Plein）的牌子挂在门口就不用进去问了。

网络订房看这里

全球订房系统

- Venere　W www.venere.com
- Rates Togo（最后1分钟订房服务）
  W www.ratestogo.com
- Explorotel　W www.explorotel.com

法国

- Fédéral Hôtel　W fr.federal-hotel.com
  可查询全法国的酒店订房，还有针对商务人士所提供的展览资讯及租车服务。

巴黎

- Hotel Paris　W www.hotels-paris.fr
  以巴黎地区为主的订房系统。
- Village Hostel（寄宿家庭）W www.villagehostel.fr

各大区、省旅游资讯中心网站

- 巴黎 (Paris)　W www.parisinfo.com
- 大巴黎地区 (Ile de France) W www.new-paris-idf.com
- 阿尔萨斯地区 (Alsace)　W www.tourisme-alsace.com
- 卢瓦尔地区 (Val de Loire) W www.visaloire.com
- 布列塔尼 (Bretagne)
  W www.tourismebretagne.com
- 诺曼底 (Normandie)　W www.normandie-tourisme.fr
- 南部－比里牛斯山 (Midi-Pyrénées)
  W www.tourism-midi-pyrenees.co.uk
- 普罗旺斯－阿尔卑斯－蓝岸 (Provence-Alpes-Côte d'Azur)
  W www.discover-southoffrance.com
- 蔚蓝海岸 (Riviera Côte d'Azur)
  W www.cotedazur-tourisme.com

国际连锁商务酒店

- Ibis　W www.ibishotel.com
- Accor　W www.accorhotels.com
- Mercure　W www.mercure.com
- Best Western　W www.bestwestern.fr
- Novotel　W www.novotel.com

巴黎租屋网站

- W www.lodgis.com
  可租1个月以上的时间，中文界面
- W www.milleetunparis.com
  巴黎市中心的家庭旅馆网站
- W www.2binparis.com
  巴黎市中心B&B家庭式旅馆
- W www.rocmaison.com
  交换住宅资讯网站。

住宿省钱小贴士

多利用最后订房系统

如果比较习惯现代化的酒店,建议在国内就选择自由行的行程,因为这些旅行社大多与大型的连锁商务酒店合作,自然价格比较优惠,但要注意的是,要问清楚所在地及前往的方式,否则如果是在郊区,那交通时间与费用就会增加许多。最后订房特价系统(Dernière Minute Promotion)折扣可达50%,平时多注意酒店网站的消息对省旅费有很大的帮助。

避开旺季

旅游旺季与淡季的机票有时会差不少,如果能避开旅游旺季,自然可省下一大笔钱。淡季通常是4~6月或9~11月,这时法国的天气也不至于太寒冷,当然酒店也较便宜。

找附有厨房设备的酒店或家庭旅馆

法国民生消费偏高,尤其是每日必需的三餐常常让旅行者大叹吃不消,如果在选择酒店或家庭旅馆时将有无厨房设备列为选择条件之一,将可大大节省一笔钱。

以交换住宿的方式交换到法国的住宅

在国外已风行多年的交换住宅的方式现在也渐渐在法国盛行,尤其是一家人一起旅行时,这是一个不错的选择。交换住宅提供的条件相对比较便利,因为交换,还可省下一大笔的开支,且更能深入了解当地的住家形态。Trocmaison.com需要缴交账号注册金,以确保交换住宅的权益,比起支付酒店费用划算很多。规划时间越早越好,双方的假期才会在同一时段。

家庭旅馆不但有酒店的舒适,更因设备齐全而更贴近当地民众的生活。
图片提供:巴黎巧居(www.go2-paris.com)家庭旅馆

智能手机应用程序

图示	iSO 与 Android 系统皆适用
	TripAdvisor 酒店与餐饮资讯 世界知名的旅游评论网站,提供酒店与餐饮的详细评分资讯与订位,并提供当地的旅游资讯。
	Trivago 酒店搜索 全球最大的酒店搜寻引擎,比较来自200多个酒店预订网站的住房价格,可快速找到最便宜、理想的酒店,评分系统也很值得信任。
	Gîtes de France 法国登记在案的家庭旅馆 全法所有登记在案的乡村家庭旅馆机构,想要找到最廉价且富有法国地方风情的家庭旅馆、住宿家庭或是设备齐全的露营地就靠它。

旅法实用 App 推荐

为了方便读者快速链接并下载App,请先至作者特别准备的旅法实用App快速下载页面(helloparis.free.fr/france/app.html),里面有许多其他超级实用的App推荐。也可以二维码(QR Code)链接下载。请先安装二维码扫描器读取App应用程序。

住宿种类

酒店

Loger à l'hôtel

法国酒店以星级来分等级,大部分的酒店为三星级,价位也是一般人可接受的价格。大巴黎地区的酒店定价较为混乱,有时也会遇上无星级、设备好却一晚80欧元的酒店。订房前多比较、详细问清楚设备及地铁位置,有助于选择到较为理想的酒店。

除此之外,酒店的价格也以淡、旺季以及房间的设备而不同。例如,夏季比冬季贵、有浴缸的房间比淋浴的房间贵、有卫浴的套房比使用公共厕所贵。所以,在订房时一定要看清楚所包含的设备,才不会到了酒店后大失所望。

网络订房很方便,选择多,并且比较价格方便,酒店也由此纷纷在网上推出所谓的最后订房特价系统(Dernière Minute Promotion),将最后一星期还没被预约的房间促销出清。

酒店服务设备大不同

无论是饭店或酒店,在门口及房间内都会标示已含税的房间价格,以及其他服务价格如早餐、停车费用。四星级以上的酒店费用会含早餐,其余星级的酒店早餐通常需另外付费。法国与亚洲酒店的标准不同,法国的酒店几乎都不提供个人盥洗用具如牙刷、浴帽、梳子,也没有热水壶。

小冰箱是四星级以上的酒店才会有的配备。另外,二至三星级的酒店也不会提供热水;如果需要热开水泡饮料,需要到酒店的附设吧台或餐厅要热水。

外出离开酒店时,最好将钥匙交给服务台。有些饭店钥匙附有大门的钥匙,那表示多晚回来都没人管你。

如果有重要物品,可询问服务台如何寄放,有些酒店会在房间里配保险箱,有些则有统一的保险箱,经服务台签收存放。

有时三星级的酒店房间里未必有电话,如果需要叫早服务,可直接跟服务台交代。

尽量避免靠近大马路的房间,若太过吵闹可立即要求换房间。

房间位置与上网服务

有许多酒店没有电梯设备，订房时最好先询问房间楼层及是否有电梯 (Vous avez l'ascenseur ?)，否则有时会遇上5楼没电梯而有一大堆行李的状况。如不确定酒店设备是否先进，商务酒店会是不错的选择，设备现代化、交通也会比较方便。大城市的饭店大都已经备有免费的无线上网服务，只要电脑有无线网络的功能就可以上网，而有些酒店只提供放置在大厅旁的公用电脑供旅客使用。大体来说，法国每一家的酒店设备和服务不尽相同，如有特殊需求，最好在订房前先询问。

酒店费用不包含早餐

一般法国的酒店早餐是另外付费的，较高级昂贵的饭店才会包含早餐。早餐内容大多是简式早餐，如咖啡、牛奶、果汁及奶油、果酱，价格5～15欧元不等。价格较高的多为自助式 (à volonté 或 Buffet)，菜式就会较丰富，且需先向服务生预订隔日的早餐。如果习惯晚起，无法在酒店内用餐，也可出饭店后再找其他咖啡馆享用早餐，除了可享受咖啡馆的风情外，价格多比酒店内的早餐便宜。

在巴黎有许多历史悠久的酒店，这些酒店设备都不是很新颖，但绝对有历史参考价值与法式皇家装饰风格。

小旅馆联盟利多，可优先考虑

法国有许多小旅馆自组联盟，以保证服务品质，并防止被大型酒店集团垄断。这些联盟的旅馆大都富有人情味，且都集中在较热闹的区域。如 Hip Hop Hostels旅馆联盟，可直接查询各家价格及其地理位置，也可直接在网上预订。一般的网上预订都要先输入卡号；如果是用电话预订，也是要先告知卡号和授权码。

Hip Hop Hostels 旅馆联盟

这是由许多小型旅馆与青年旅舍组成的联盟。该联盟的旅馆大多位于市中心或巴黎热闹的地带，房间的装潢与气氛也不会像其他的连锁饭店一样一板一眼、毫无生气。客人大都是年轻人或喜欢自助旅行的旅客，常有旅客互相讨论或交流旅游资讯。

W http://www.hiphophostels.com

画面撷取自：Hip Hop Hostels

青年旅舍
Loger à l'auberge de jeunesse

选择青年旅舍住宿算是最经济的住宿方式，但在大都市却没有多少家可选择，而且大部分的青年旅舍都离市中心较远，当然交通也没那么方便。

入住青年旅舍不一定有年龄及身份的限制，但大多都会要求办一张入会卡。有些青年旅舍组织遍布全世界，有些则以宗教或私营的方式经营，而每一家青年旅舍的住宿规定也不尽相同。例如，有些青年旅舍最多只能住7天，进退房与门禁时间不同，男女分房，不一定有公用厨房，等等。最好在选择时，通过网络仔细看清楚各家的规定。

一般青年旅舍的住宿费用，以人头计算，住宿的房间以4人、6人、8人或大通铺为主，偶尔也有青年旅舍提供单人房和双人房，但价格会比较高。在法国外省，一个人头的住宿费用为7.35～12.70欧元；而巴黎价格则较高，为19～25欧元。大部分的住宿费用包括早餐与清洁费用。

住青年旅舍的好处是，可以结交到来自各国的朋友，同时也可以交换旅游资讯，但缺点是行李保管需注意，且没有隐私，因为房间与床的位置通常不能选择，有时遇到很吵闹的同房客，就有可能一整晚都不能睡了。

巴黎的MIJE青年旅舍就在市中心的玛黑区，它的一部分建筑曾是修道院所在地。

青年旅舍哪里找

法国青年之家联盟

在法国，青年之家联盟称为FUAJ (Fédération Unie des Auberges de Jeunesse)。可通过FUAJ网站的IBN系统预订，也可直接在网上查询青年旅舍，用传真、电话预订或直接到各青年旅舍预订。
Ⓦ www.fuaj.org

巴黎的青年旅舍

● MIJE 青年旅舍
位于巴黎市中心的MIJE，在玛黑区共有3栋古色古香、历史悠久的建筑。虽标榜青年旅舍，却没有年龄的限制。但在这里住宿，需办理2.50欧元的MIJE年卡 (Carte d'adhésion MIJE)，可到场办理，但不能使用信用卡支付。住宿期限最多为7天，馆内不提供厨房使用。可在网络上预订45天以内的床位或房间，并以E-mail确认订房成功。Ⓦ www.mije.com

● CISP 巴黎青年旅舍
由巴黎市政府设立的CISP(Centres Internationaux de Séjour de Paris)，共有600个床位，设备较现代化。
Ⓦ www.cisp.asso.fr

● Auberges Jeunesse 青年旅舍
这是一家针对便宜青年旅舍的网站，查找方便。
Ⓦ www.auberges-jeunesse.com

● 巴黎青年旅舍　Ⓦ www.aijparis.com/framea.htm

脏衣服怎么处理

法国天气干燥，在夏日，当天洗的衣服隔天几乎都会干；冬天衣服厚重，会比较难干些。如果旅行多日衣服不够换，天气阴沉衣服不会干怎么办？有些青年旅舍会设有自助洗衣间，有些则没有。其实法国自助洗衣间颇普遍，只要问一下旅舍服务"La laverie"（自助洗衣店）哪里有，就可以找到了。

自助洗衣店里提供洗衣和烘干两种机器，洗6公斤的衣物3.5～4.5欧元，烘干8分钟约1欧元。在每个机器上都会有一个号码，选择好要洗的温度，放入洗衣粉后，再到投币机器投币、选择号码，洗衣机就会开始运作。

家庭旅馆

因语言、文化不同,很难和法国房东谈租房细节而顺利租房。如果是开车旅游或想到其他省镇悠闲地待几天甚至更久,那家庭旅馆(Gîte)就是最好的选择。

需经旅游局认证才可挂上绿色Gîte招牌的家庭旅馆,是法国的家庭旅馆代表。乡间很容易看到Gîte。有时以房间或整栋房子出租,也有以床位为单位出租的。通常Gîte会有像旅社般的柜台与房务、清洁人员,且每家的设备和管理都不大相同。

Gîte的好处是比酒店便宜,且有厨房可使用,自己料理三餐能省下不少伙食费。如果租整栋房子,屋主会把钥匙交给你,所以几乎无门禁问题。但有些较大型的家庭旅馆会设有管理员管理,如果要晚归,最好先询问管理员门禁时间与夜间进入家庭旅馆的方法。

预约方式需通过Gîte网站,如果是租下整栋房子,那么第一天入住时需与房东签个简单契约,主要是保证房客不破坏家具等规则。如果只是简单的房间或床位出租,则不需签约。

法国媳妇的家庭旅馆

大部分是嫁来法国或定居法国的中国人,将家中房间以短租的方式出租,主人大多愿意提供当地一手

Gîte的服务人员通常都乐于提供当地的旅游资讯。

的旅游资讯。方便的是可用中文沟通,且大部以博客或微信的方式介绍自己所经营的家庭旅馆。有些以互信的方式预约,到达家庭旅馆后再付款;有些则是在国内先付部分订金(在预订前先仔细确认细节与条件,以免发生纠纷也无法申诉)。只要在搜寻网站以"巴黎家庭旅馆"或"法国家庭旅馆"寻找即可找到。

南法酒庄家庭旅馆

位于南法Ollieres小镇的酒庄家庭旅馆,是最能深入南法慢生活的旅游地区。占地宽广的酒庄园区包含了有机葡萄园、苹果园、橄榄树区、薰衣草区、马术区、制酒厂与修道院教堂,适合背包客住或全家团体的旅游住宿。酒庄也提供品酒、制酒、骑马与烹饪课程,并可用中文沟通。酒庄的女主人是位来自中国台湾的女性。

南法普罗旺斯酒庄家庭旅馆
W www.abbayesainthilaire.com

法国乡村家庭旅馆(Gîte)哪里找

先确定想去的省份、时间、人数,再上法国家庭旅馆网站找,看喜欢哪个家庭旅馆,把代号抄下来,再以家庭旅馆代号来查询详细资讯,也可在此网站上用搜寻的方式,找出理想的家庭旅馆。

法国家庭旅馆网站
W www.gites-de-france.com

短期出租公寓

还有一种是短期出租公寓（Louer un appartement）。如果是几个朋友同游，这种附厨房可以自己做饭的住处，是省钱、理想的选择。怕语言不通？那就找中国房东吧！

每年寒、暑假期间，在法国的中国留学生大都会回国，这段期间房租还是要继续缴，所以这段空档也成了学生短期租让给游客的旺季。

租房注意事项

留学生或中国人出租的房间，通常都不是营业性质的，而是以私人名义的方式出租，当然就没有所谓的法律保障。此种住宿方式采取互信的方式，好处是可以省旅费以及实地见识到法国人的居住环境；缺点是住宿须遵守房主的个人习惯，进出公寓通常也需要配合屋主的时间。

房间出租法文为"Chambre d'hôte"，想知道法国人都怎么布置家里或庭院的，找 Chambre d'hôte 就对了。

房间出租

普通家庭有时会以空房出租（Loger en chambres d'hôte）的方式接待游客，对游客来说，这是最能深入了解法国当地风俗民情的方式之一。可惜巴黎几乎没有这种分租的房间，但在外省这种出租的房间却不少。价格其实并没有比饭店便宜到哪里去，但服务却做得很好。有些房主会准备很丰盛的早餐，或是可向房主预约午、晚餐，由女主人烹煮最富当地口味的菜肴。家里的装饰多代表着每一省的文化特色。屋主大都愿意提供一些当地人才知道的旅游资讯，如哪一家餐厅做的菜好吃、哪一条路风景比较美，这可是比旅游书上写的还要确切的消息！

利用公寓出租的方式住宿，最能了解当地人的生活形态。

Traveling in France

住宿篇

法国有数千个露营地，露营是最受欢迎的全家旅行住宿方式。

只要见到这个标志，就表示附近有露营地。

露营
Le camping

如果计划在法国租车旅行，又喜爱大自然，就不要错过受法国人喜爱的露营住宿方式。只要自备帐篷和烹煮工具，就可以更亲近法国大自然的美景。法国共有数千个露营营地，有些营地的设备完善，不输给高级酒店。四星级的露营地大都有附属的游泳池与儿童游乐场。星级越高表示设备越好，当然价格也会比较高。

露营地须通过网站或 E-mail 预订，计费方式为基本清洁费(依车种大小而定)加上人头数(成人与儿童票)来算。

露营区哪里找

W www.camping.fr
介绍法国 3500 个露营地，包括四星级设备的露营场所。

W www.francecamping.com
可搜寻法国以及全欧洲的露营地，适合多国旅行计划的旅行者。

W www.campingdefrance.com
有多国语言的界面，并定期推出促销价。

W www.campingfrance.com
以高级的露营地为主，也包括风景最优美的露营地，如靠近沙滩或湖边的露营地。

沙发客
CouchSurfing

近年兴起以睡沙发自助旅行的方式免费地借住在别人家。屋主将沙发借给游客睡，所以无法如酒店般舒适，好处是能深入当地文化与家庭，但须注意安全。只要够胆量，不在意睡眠舒适度，且有外语沟通能力，都可以睡沙发游世界。虽是个绝对免费的住宿方式，但借住也别忘了做好国民外交，记得带些中国的纪念品。缺点是需要花较多的时间沟通和等待回应。要成为沙发客，需先上网站注册并作详细的自我介绍，屋主会以这些资料决定要不要借住给你，而如果自己的家可以接待沙发客，也别忘了回馈哦！

Couch Surfing 沙发冲浪网站
W www.couchsurfing.org

找酒店也要找好餐厅

在法国，酒店有没有附属餐厅是非常重要的，尤其是在人烟较稀少的小镇上，好餐馆一向难找；而酒店也会以开餐厅的方式，来平衡淡季的收支。在饭店的外墙上，有多种不同的小招牌同时贴在墙上，那是来自法国各个美食评鉴会的招牌，或旅游书好评价的代表，也表示此家饭店的附属餐厅厨艺备受肯定。

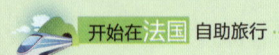

应用法语

应用单词

matin 早上
midi 中午
après-midi 下午
soir 晚上
aujourd'hui 今天
hier 昨天
avant-hier 前天

demain 明天
après-demain 后天
une semaine 一星期
un / deux / trois nuits
一 / 二 / 三晚

clé 钥匙
internet 网络
Wi-Fi 无线网络
chambre 房间
douche 淋浴
eau chaude 热水
gel douche 沐浴乳
shampooing 洗发精
savon 香皂

WC 厕所
bain 浴缸
chambre double 双人房
chambre simple 单人房
lit 床
lit supplémentaire 加床
personne 人
pers. 人(缩写)
petit déjeuner 早餐

实用会话

Mon nom est____ j'ai réservé une chambre par téléphone / par Email.
我的名字是____，我已经通过电话 / E-mail 预订了。

Je voudrais une carte de cet hôtel avec son adresse.
我想要一张有地址的这家酒店的名片。

Avez-vous une chambre libre pour une personne / deux personnes /trois personnes ?
你们还有空的单人房 / 双人房 / 三人房吗？

Le prix est par personne ou par chambre ?
计价方式是以人头数还是房间数？

Je ne veut pas une chambre sur la rue.
我不要靠马路的房间。

Je voudrais changer ma chambre.
我想换房间。

Avec toilettes / salle de bains / douche ?
包括厕所 / 含浴缸的浴室 / 淋浴？

Je voudrais voir la chambre ?
我可以看一下房间吗？

Je prends cette chambre.
我要订这间房间。

Cette chambre ne nous plaît pas.
我们不喜欢(不要)这间房间。

Avez-vous une chambre moins chère ?
你们有比较便宜的房间吗？

Avez-vous une chambre plus grande ?
你们有比较大的房间吗？

Je resterai pour ____ jour(s) / une semaine
我将在此停留____天 / 一星期。

Je veux séjourner un jour de plus.
我要再多待一天。

Je veux partir un jour plus tôt.
我要提早一天走。

Le petit déjeuner est compris ?
包含早餐吗？

Le petit déjeuner est à quel prix ?
早餐多少钱？

A quelle heure est le petit déjeuner ?
几点开始供应早餐？

Où est la salle à manger ?
哪里是餐厅？(用餐间)

A quelle heure on ouvre / ferme la porte ?
几点开门 / 关门(晚上)？

Pouvez-vous m'appeler un taxi ?
您能帮我叫辆出租车吗？

Demain pouvez-vous me réveiller à ____ heures ?
您可以在明天____点叫醒我吗？

Nous ne pouvons pas dormir à cause du bruit !
我们无法睡，因为太吵了！

Je laisse ma clé dans ma chambre.
我把钥匙忘在房间里了。

Le chauffage ne marche pas.
暖气坏了。

Il n'y a pas d'eau chaude.
没有热水。

A quelle heure devons-nous quitter la chambre ?
需要在几点退房？

Il semble qu'il y a une erreur dans l'addition.
账单好像算错了。

Je n'ai pas pris le petit déjeuner ici hier.
我昨天没有在这里用早餐。

Prenez-vous les chèques de voyage ?
你们接受旅行支票付费吗？

全法交通篇
TRAFFIC IN FRANCE

善用交通工具，轻松游走美丽的法国

详细介绍法国的运输系统，无论开车还是搭火车，都有省钱又省时的方法，还可以欣赏到更多的美景，安心地旅行。

境内火车	60
铁路运输系统的种类	60
从巴黎出发到各地的火车站	61
如何查询时刻与票价、如何看懂时刻表	62
如何购买火车票	63
如何看火车票上的资讯	66
购买火车通行证	67
如何乘车	68
跨国火车	69
其他大众交通工具	70
飞机、跨省跨国的巴士	70
出租车、公交车	70
开车	71
如何租车、价格须知	71
法国道路概况	72
应用法语	73

法国占地广阔，城乡的交通普及性差距颇大。在大城市，公共运输系统完善且选择性多；而一般的乡村小镇，虽有铁路到达，却还是以汽车为代步工具最为方便。如果旅行计划包含欧洲其他国家，还是以搭飞机最为快速。欧洲城市的火车站大多在市中心，交通方便，而机场多位于郊区。如果是搭乘飞机，记得要将前往机场的交通和提前约1小时办理登机手续的时间计算进行程里。

境内火车

法国有全世界最舒适与快速的高速铁路快车（TGV），而铁路系统也是被公认为欧洲最完善的。无论是到法国各地城市，或是邻近国家，铁路系统还是最佳的旅行交通工具。

铁路运输系统的种类
Transport ferroviaire

法国铁路运输系统为法国国铁局(SNCF, Societé nationale des chemins de fer Français)。SNCF除了提供整个法国的铁路运输外，也与周边邻近国家的快速列车联盟，整个法国与大欧洲其他国家的铁路运输四通八达且快速，从巴黎到中南部的里昂只需2小时，而从巴黎至英国伦敦的行车时间约为2.5小时。

高速子弹头列车（TGV）

TGV为目前全球发展速度最快、最先进的高速火车。原文为"Train à Grande Vitesse"，也就是"High Speed Train"的意思，从巴黎到南部的阿维尼翁，680公里的距离只需2小时36分钟。TGV主要负责法国境内的大都市，以及串联欧洲其他主要都会城市的路线。

省镇间的快线列车（TER）

法国的长程铁路称为Grandes Lignes，除了由TGV负责部分路线外，其余的长程路线则由TER(Trains Express Regionaux)列车负责。长程列车以巴黎为中心，呈放射线状到达法国各省，TGV没有到达的地方就由这种列车来接续。

情境高速子弹头列车（iDTGV）

iDTGV是TGV的一种，但只能通过网络购票，价格比其他车种便宜许多；不过，缺点是不能更换日期、退票，并需提供乘客的姓名资料，还需自己从网站上打印电子车票。网络订票时，可选择不同的情境车厢搭乘，如迪斯科(iDnight)、夜店(Bar)、游戏车厢(iDzap)或安静的禅车厢(iDzen)。

超低价的高速子弹头列车（OUIGO）

以超低票价吸引年轻人的高速列车，常常出现10欧元的票价，以法国境内几个知名大城市之间的路线为主，如巴黎、阿维尼翁、马赛、里昂、尼姆、蒙波利埃等。

巴黎至法国各城市搭乘高速列车 (TGV) 或火车所需时间

兰斯(Reims) 45分钟	马赛(Marseille) 3小时10分钟
图尔(Tours) 1小时10分钟	圣马洛(Saint Malo) 3小时05分钟
里尔(Lille) 1小时17分钟	蒙波利埃(Montpellier) 3小时24分钟
里昂(Lyon) 1小时57分钟	波尔多(Bordeaux) 3小时40分钟
南特(Nantes) 2小时10分钟	戛纳(Cannes) 5小时06分钟
第戎(Dijon) 2小时30分钟	尼斯(Nice) 5小时39分钟
斯特拉斯堡(Strasbourg) 2小时19分钟	图卢兹(Toulouse) 5小时22分钟
阿维尼翁(Avignon) 2小时40分钟	沙莫尼(Chamonix) 5小时30分钟

法国铁路资讯网站

SNCFDIRECT
W www.infolignes.com
　　提供铁路运输的即时资讯查询，如遇罢工或天灾，可在出发前即时知道班次状况。
法国国铁 SNCF 网站
W www.voyages-sncf.com
法国高速子弹列车（TGV）网站
W www.tgv.com
情境高速子弹列车 iDTGV 网站
W www.idtgv.com/fr
超低价的高速子弹列车（OUIGO）网站
W www.ouigo.com

全法交通篇

从巴黎出发到各地的火车站

Départ de Paris

在巴黎，总共有7个国铁车站，负责运输前往不同的国家与法国各城市的旅客。买票时，要特别注意票面上的标示，看清楚是在哪个车站搭车，否则跑错车站就糟糕了。

北站（Gare du Nord）
往加来(Calais)及荷兰、比利时等邻近国家。
地铁站：M1、5号线或RER 的B、D、E号线

圣拉泽尔车站（Gare St-Lazare）
往布列塔尼(Bretagne)、诺曼底(Normandie)等地区。
地铁站：M3、9、12、13、14号线或RER的E号线

蒙帕纳斯车站（Gare Montparnasse）
往大西洋沿岸各城如波尔多(Bordeaux)、普瓦捷(Poitiers)等地。
地铁站：M4、6、12、13号线

奥斯特利茨车站（Gare d'Austerlitz）
往法国中部、西南部及西班牙、葡萄牙等邻近国家。
地铁站：M5、10号线或RER的C号线

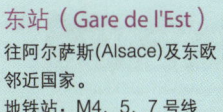

东站（Gare de l'Est）
往阿尔萨斯(Alsace)及东欧邻近国家。
地铁站：M4、5、7号线

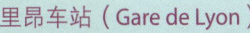

里昂车站（Gare de Lyon）
负责前往法国南部各大城市如里昂(Lyon)、阿维尼翁(Avignon)、马赛(Marseille)、尼斯(Nice) 等，以及意大利的日间车次。
地铁站：M1、14号线或RER的A和D号线

贝西车站（Gare de Bercy）
主要负责前往意大利各大城市的夜间车次。
地铁站：M6、14号线的Bercy站

如何查询时刻与票价
Consultez les horaires et les tarifs

法国国铁的网站是出发前查询时刻、车次及票价的好帮手。只要几个步骤就可以轻松从该网站下载班次时刻表，规划行程。其他语言的切换如英文、西班牙文、德文、意大文在页面的右下方。查询方式有以下两种，可择一使用。

方法1：查询并下载时刻表PDF档

进入www.voyages-sncf.com/services-train/fiches-horaires，填写查询条件。周一至周日的选项通常是预设全选，可不改。填好后，按右下角的下载（Telechargez），画面会出现PDF的图示，点下载即可直接看班次时刻表。

方法2：查询并将时刻表寄至信箱

连到 SNCF 网站 www.voyages-sncf.com，找到右边蓝底的区块，并确认分页为 Train（火车）。

Step 2

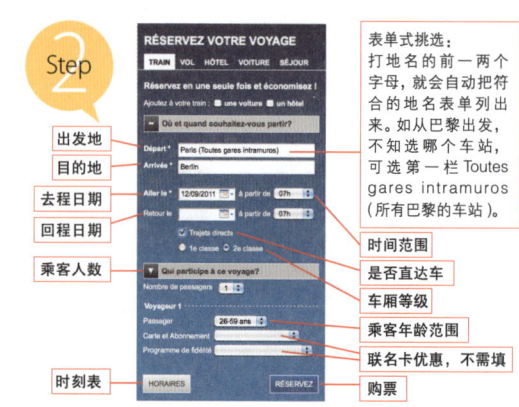

表单式挑选：
打地名的前一两个字母，就会自动把符合的地名表单列出来。如从巴黎出发，不知选哪个车站，可选第一栏 Toutes gares intramuros（所有巴黎的车站）。

- 出发地
- 目的地
- 去程日期
- 回程日期
- 乘客人数
- 时间范围
- 是否直达车
- 车厢等级
- 乘客年龄范围
- 联名卡优惠，不需填
- 时刻表
- 购票

Step 3

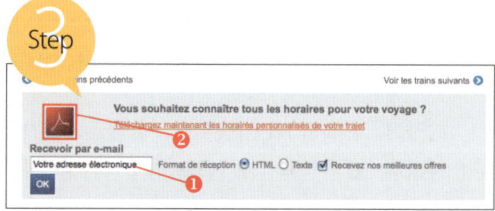

页面会显示车次信息，可选择：
1. 填E-mail按OK，到信箱收取时刻表即可。
2. 若想直接下载PDF查看，请按上方PDF图形，则会跳到下载PDF档的查询画面，须重新填写查询条件方可下载（操作见本页的"方法1"）。
页面若出现红字，表示资料填写不全须修改。

如何看懂时刻表
Comprendre les horaires

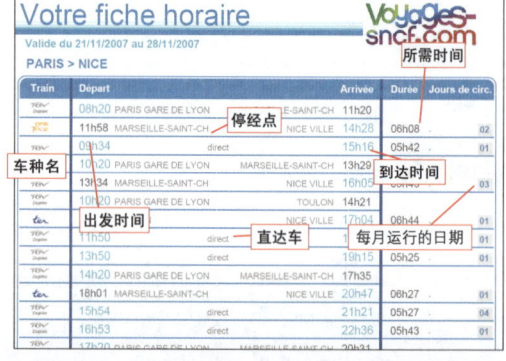

- 所需时间
- 停经点
- 车种名
- 到达时间
- 出发时间
- 直达车
- 每月运行的日期

如何购买火车票
Acheter les billets

若旅行区域广大，想跨国、多国旅行，可在国内先买好只有"非欧盟国家"的外国人才可以买的法国国铁或欧洲多国的"火车通行证"(European Rail Pass)。用该证搭法国或他国火车，会比较实惠方便(购买通行证见第67页)。

但若旅行范围只限定某区域、省份，火车通行证就未必划算，则购买一般火车票即可。有3种买火车票的方式：网络购票、自动售票机(只能以信用卡付费)、人工售票窗口。

网络购票

通过法国国铁（SNCF）网站购票系统购票，好处是可找出便宜票价的时段班次，且不用到柜台买票，省时省力。也可在国内购票，到法国后再去火车站的柜台或自动售票机上取票！

网络购票皆是打印E-mail确认函，至车站柜台或自动售票机上取票(若是柜台取票，强烈建议提早到车站)。只有iDTGV和TGV Prem's的车种是电子票，需自行打印票，此两种票皆无法改期与退票；搭车时，以扫描电子票上的二维条码确认。

Step 1 www.voyages-sncf.com

点选火车(Train)里的购票 (Acheter un billet)

Step 2 搜寻火车车次的条件

确认后按订票(Réservez)。

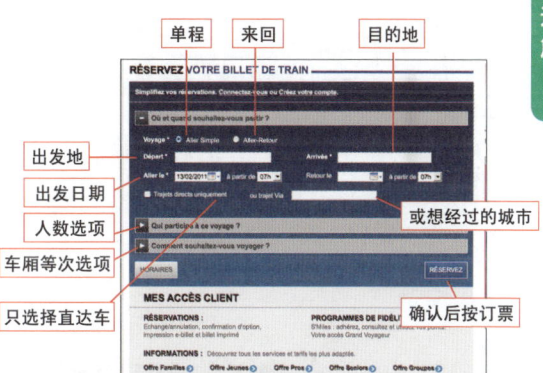

Step 3 选择去程车次

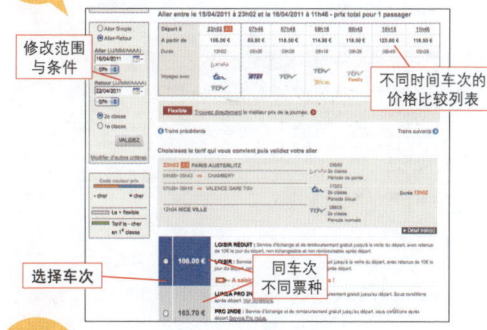

Step 4 选择回程车次

画面上方出现回程比较列表，选好回程后点选确认此回程(Choisissez ce retour)。

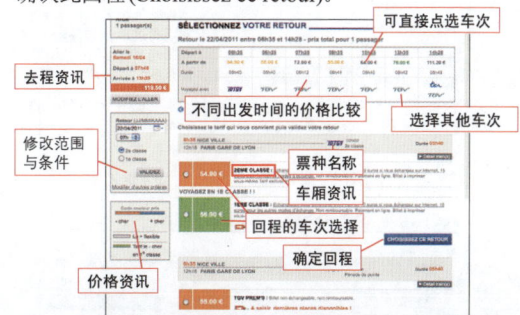

Step 5 确认所选择的来回车次与票价

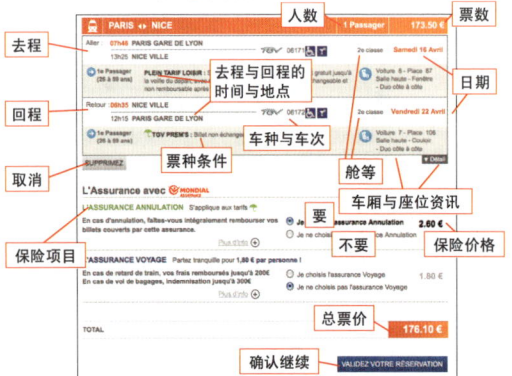

Step 6 选择取票方式与确认资讯

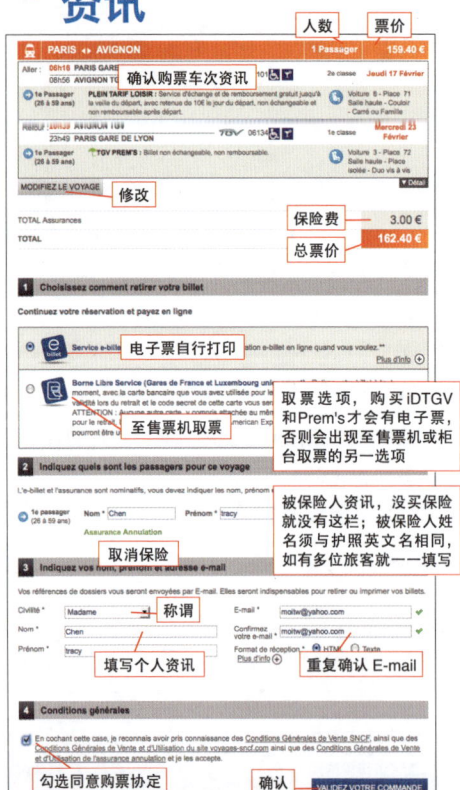

Step 7 进行线上付费

填信用卡号码，按确认完成购票后，SNCF 会将电子确认函 (Lettre de Confirmation) 发送到你登记的 E-mail 信箱。请打印出来。

Step 8 取票

带着确认信与网络购票时所使用的同一张信用卡，到各大车站售票柜台，凭信上的交易编号要求取票；或在火车站自动售票机输入交易编号，并将同一张信用卡插入确认，即可取票。若取票失败，可前往购票窗口以人工的方式取票。

买票小提醒

- 买火车票或购买通行证时，须先选择舱等，分头等舱与二等舱。
- 火车票越早订越便宜，票价越高越可退票或换票。若行程无法确认又须事先订票，那就别买 IDTGV 或 Prem's 的票种，因为这两种皆无法退票或换票。
- 入境后想先去他省旅行者，可直接从戴高乐机场附近的火车站出发，而不需进入巴黎市区。订票时，别忘了选择从 Aéroport Paris(CDG 2)GareTGV 出发。

自动售票机购票

各个火车站都有自动售票机,方便又快速,并提供多国语言的界面,也提供在网上订票后取票的服务。自动售票机是分种类的,只有标示"长途线"(Grandes Lignes)的机器,才会出售至其他省份城市的火车票;其余的售票机则是出售当地周边城市的车票。只要先依字母选择目的地,再选择人数等条件,依照指示插入信用卡付费就行了。如果担心操作界面繁复会选错,那还是乖乖地到售票窗口去排队买票比较保险。

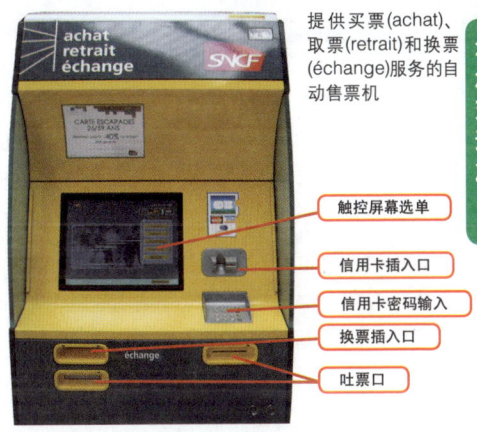

提供买票(achat)、取票(retrait)和换票(échange)服务的自动售票机

- 触控屏幕选单
- 信用卡插入口
- 信用卡密码输入
- 换票插入口
- 吐票口

Steps 售票机买票步骤

跟着步骤以屏幕触控选单的方式操作,选错也可回上一个步骤,不然直接按取消也可以重来。付费前,记得仔细确认时间和车次。如果选择马上出发,机器当然就只会出售在本站出发的车次;如果选择其他时间出发,就可以自由从其他车站出发的车票。

机器也有取票和换票的功能。注意:此售票机不适用于使用火车通行证或联票(EuroPass)的乘客。

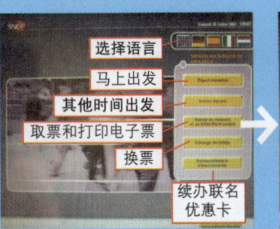
选择语言 / 马上出发 / 其他时间出发 / 取票和打印电子票 / 换票 / 续办联名优惠卡
1. 选择语言与项目

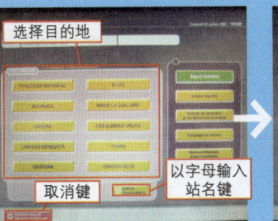
选择目的地 / 以字母输入站名键 / 取消键
2. 选择目的站名

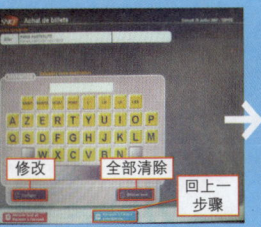
修改 / 全部清除 / 回上一步骤
3. 输入目的站名

输入时右边会自动出现站名选项 / 直接在屏幕上按字母
4. 选择站名

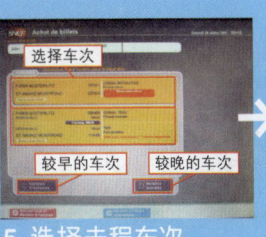
选择车次 / 较早的车次 / 较晚的车次
5. 选择去程车次

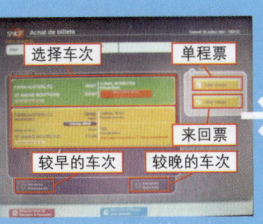
选择车次 / 单程票 / 来回票 / 较早的车次 / 较晚的车次
6. 选择往返或单程

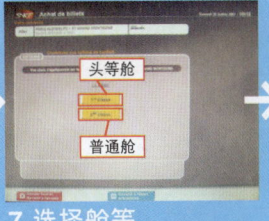
头等舱 / 普通舱
7. 选择舱等

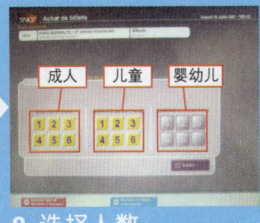
成人 / 儿童 / 婴幼儿
8. 选择人数

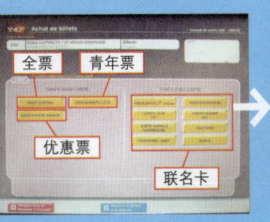
全票 / 青年票 / 优惠票
9. 选择价位种类

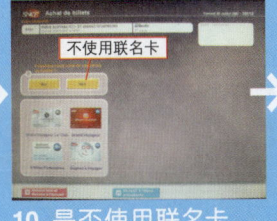
不使用联名卡 / 联名卡
10. 是否使用联名卡

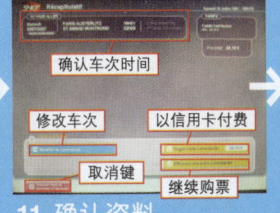
确认车次时间 / 修改车次 / 以信用卡付费 / 取消键 / 继续购票
11. 确认资料

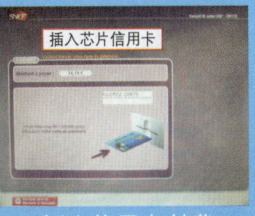
插入芯片信用卡
12. 插入信用卡付费

车站售票柜台购票

法国每个车站的规模不一样，柜台分区不同，如何找到对的窗口买到票也十分重要。先将目的地、出发日期、时间及人数写在纸上，较不会出现沟通不良的状况。一般柜台会分成出售当日票(Vente Départ Immédiat)、预售票(Vente Grandes Lignes)，较大的车站还会分往国外(Vente Internationale)的售票口。比较万无一失的方式是，先到咨询中心(Information 或 Accueil)询问该去哪个窗口买票，才不会因排错队而浪费时间。

如果语言不通，怎么买票？只要利用下面的范本，填上想搭的车次资料，就可轻松买到想买的票。记得红色圈起来的部分一定要先选择，这些问题是售票人员一定会问的。

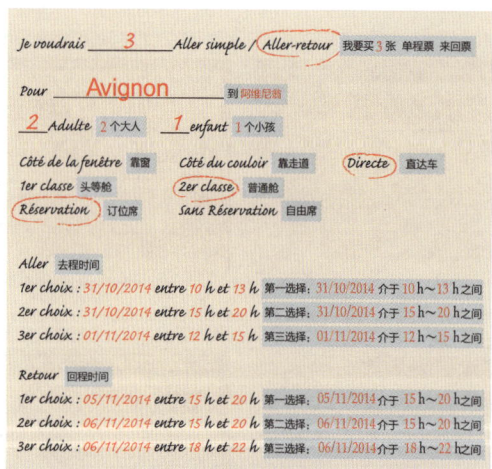

搭火车小提醒

- 出发前多注意法国交通业罢工新闻。罢工时有发生，若刚好遇上，改以租车方式旅行是另一选择。
- 行李记得挂名牌。搭火车时如有行李，记得要挂上自己的姓名名牌，以免安全人员误认是危险行李。
- 提前抵达车站。法国的高速铁路发车一向准时，务必提前到达车站。
- 郊区车站的交通。中等城市有时高速列车和普通列车的火车站会不同，如果是在城市郊区的车站，大多提供免费的接驳车行至市中心。

SNCF 的营业处(Boutique) 购票

在巴黎，除了车站之外也可以在 SNCF 的营业处买票。只要看到 Boutique SNCF 的标志，就是营业处。在法国的 SNCF 营业处买票，有许多好处——柜台人员会建议哪个时段比较便宜或是优惠，或同时询问好几个时段比价。因此，常常很多人在营业处等候，记得进去时要先抽取号码牌。

如何看火车票上的资讯
Lire l'infomation sur le billet

法国的火车票大小和机票差不多，只要会看车票上的资讯，就不怕买错票、跑错车站了。如果买的是 2 人或多人同行的票种，也有可能出现多人一票共用的状况。

相关法文单词

Billet 票
Dép.(Départ) 出发
Arr.(Arrivée) 到达
Voit 车号
Place no. 座位号
Changeable 可换票
Remboursable 可退票
Plein tarif 全票
Réserve 订位

Fenêtre 靠窗
Couloir 靠走道
Adulte 成人票
Jeune 青年票
Senior 老年票
Enfant 儿童票
1er classe 头等舱
2er classe 普通舱

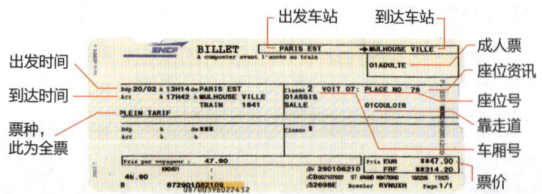

购买火车通行证
Utilisation du Pass

计划搭火车在多国、多城市旅行的人，可考虑买法国国铁或欧洲多国的火车通行证(European Rail Pass)，除了价格实惠外，使用也很方便。火车通行证一定要在欧盟以外的国家购买，所以请事先在国内购买。

如何选择通行证

通行证的种类众多，请先计算出搭火车的天数与国家，再决定买哪种通行证。如果只在法国境内，选择法国单国的通行证即可；如果行程需跨国，则可选择多国的通行证。上网先研究通行证的种类是必要的，相关内容可参考国内欧洲火车通行证代理商欧洲火车旅行网等网站提供的信息。

以法国的火车通行证来说，分1或2个月内任选4～10天，头等舱或二等舱；票种则分为成人票、青年票、2～5人同行票、老人票。例如，"1个月任选9天票"，可以在1个月内任选9天使用，在所选择的9天内可无限次搭火车，但不包括订位费。

通行证使用须知

购票：向国内的欧洲火车票代理商购买通行证后(需附上护照资料)，记得确认票上的资料并在票上签名，一旦开票，3个月内需启用。

订位：到法国后，携带护照到法国火车站售票服务窗口，确认使用的起始日期及订票，即使是通行证，使用欧洲火车联票搭乘高铁(TGV)还是需事前订位，并付每笔3～5欧元的订位手续费。

日期注记方式：售票人员会在票上写上第1天搭火车的日期，并盖章确认通行证开始使用。每次使用通行证都要将日期写上，以便查票员查票；查票时，护照与通行证须一起出示。搭卧铺夜行车的日期以抵达日来算。

乘车名额限定：欧洲火车并非全车开放给通行证使用者使用，每趟列车只会有部分名额，所以有可能发生该趟车并未坐满，却无法订到位的情况。尽量提前订位，可避免此状况发生；或是不使用通行证，直接买票搭乘。

舱等：如果搭乘的火车只是单一国家的地区性火车，只要拿通行证就可上车坐自由席，而不用额外付订位费。如果行程的规划遇上法国的假期或度假旺季，买头等舱的通行证是确保有位子的最佳方法。在法国，头等舱和二等舱的价格几乎差一倍，而通行证的两者价差却出奇地划算！

教你看懂与填写通行证

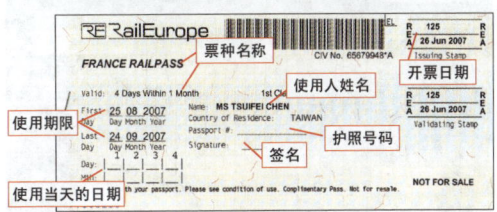

欧洲火车通行证哪里买

欧洲火车旅行网
W www.europerail.com

佰程旅行网
W www.byecity.com

如何乘车

Prendre le train

Step 1　找到出发的火车站

拿到火车票时，先看票面上是从哪个车站出发的，并查阅确认车站的位置(请查阅第61页"从巴黎出发到各地的火车站")。

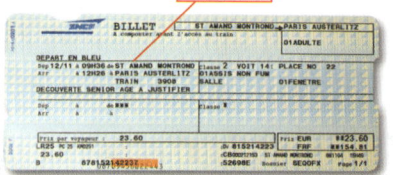
出发车站

Step 2　确认车次与时间

到车站后，找发车车次的看板(Départ)；如果是转换车次，则可先看看要等的车次是否已经到站(Arrivée)。看板上面会详细标示车次号码、目的地、车种、发车时间与月台 (Voie) 等资讯。

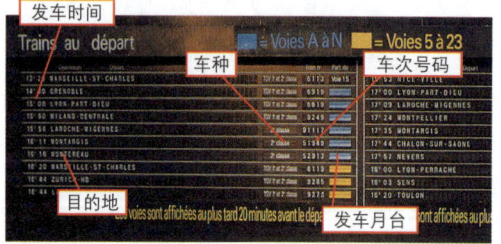
发车时间　车种　车次号码　目的地　发车月台

Step 3　找到月台

巴黎的车站占地广大，月台数量也多达数十个之多，寻找月台需要些许时间。月台的法文为Voie，且会出现以数字和字母组合的月台名。找到火车出发的月台后，在月台前方会有标示此月台即将出发与停靠站的信息，仔细看停靠站有没有要去的目的地地名。

Step 4　车票打票

在每个月台前或火车站内，随处可看见这种黄色打票机。上车前，将票放进打票机 (Composteur) 打票，会打印出时间日期，这也表示火车票开始生效。如果没打票，又被查票员查到，是会被罚款的，千万别忘记！注意：iDTGV 和 TGV Prem's 的票种不需打票。

Step 5　确认车厢与座位

每个车厢外都有标示此车厢的舱等、将到达的终点站名与车厢号码。上车后找到号码及座位，放妥行李就等着出发啰！

　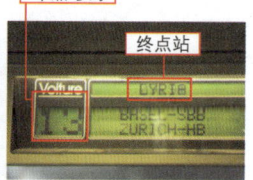
车舱等次　　　　车厢号码　终点站

Step 6　车长查票

在法国，上火车前虽不需先验票，但打票即是验票的动作；如果真的忘记打票，还有一招有救，就是当查票人员进入车厢时，需要先"主动"知会查票员自己忘记打票，不然等到查票员检查到，可是会被罚罚金的。如果是用火车通行证，记得需将护照、通行证和车票一并拿给车长检查。

如果搭乘夜班卧铺火车到其他邻近国家，在午夜或进入目的国的国境前，查票员会将旅客的护照收起来保管、检查，避免护照失窃或有偷渡客。等隔天睡醒时，查票员会一一归还护照。

跨国火车

如果想从巴黎出发到其他省份或邻近欧洲国家去玩，搭火车是较舒适的方式，因为大部分的火车站都在市中心，也免去搭飞机登机与行李检查的时间，价格上也比飞机便宜许多。想省旅费，不妨选择有睡铺的夜行车，半夜出发隔天早上到，还可将旅馆费省下来！

若要使用火车通行证，必须事先在国内购买。购买火车通行证前请注意各车种规定，欧陆国家之间的铁路运输大多依国家而车种不同。前往英国的欧洲之星（Eurostar）或前往比利时、荷兰的西北列车（Thalys），是各自独立营运的公司，不一定适用法国国铁提供的优惠方案。前往意大利、西班牙或德国，则是两国的国铁联营。想一次查清楚多国火车车次，可至欧洲火车联盟（Railteam）网站查询，会更一目了然。

勿自行换座位：买通行证时，就要看清楚通行证可搭的车种有哪几种。要特别注意的是，最好不要上车后自行更换车厢或座位，因为部分车厢到某一地点会脱班停驶，如果搭错车厢而到不了目的地，那可是谁也帮不了你。

新的 TGV 座椅可是鼎鼎有名的服装设计师克里斯蒂安·拉克鲁瓦（Christian Lacroix）设计的！

巴黎至欧洲其他城市所需时间

城市／法文名称	火车	飞机
英国伦敦(Londres)	2小时21分钟	1小时20分钟
荷兰·阿姆斯特丹(Amsterdam)	3小时18分钟	1小时15分钟
比利时·布鲁塞尔(Bruxelles)	1小时22分钟	1小时
卢森堡(Luxembourg)	2小时09分钟	1小时
奥地利·维也纳(Vienne)	12小时	2小时5分钟
德国·柏林(Berlin)	8小时30分钟	1小时45分钟
意大利·罗马(Rome)	15小时18分钟	2小时
意大利·米兰(Milan)	7～9小时	1小时30分钟
意大利·威尼斯(Venise)	12小时46分钟	1小时40分钟
西班牙·马德里(Madrid)	10小时48分钟	2小时15分钟
西班牙·巴塞罗那(Barcelone)	6小时25分钟	1小时40分钟

制表：陈翠霏

跨国火车网站

欧洲联合铁路网（Railteam）
W www.railteam.fr
　　查询邻近法国各国铁路的网站。只要在地图上指出时刻表，打上出发与欲前往的城市，就会有时刻表显示出来，多国旅行的人可用来作路线参考。

欧洲之星（Eurostar）
W www.eurostar.com
　　子弹头列车，负责路线包括巴黎、伦敦与布鲁塞尔三大城市之间的运输。从巴黎出发至英国伦敦的车程约2小时40分钟。英国属欧盟国，但不包含在申根签证国里，国人前往需另外申请签证。

西北列车（Thalys）
W www.thalys.com
　　以暗红色的车体为特征，提供法国、比利时、荷兰、德国南部几个大城市之间的运输。

其他大众交通工具

飞机
Prendre l'avion

法国高速铁路发达，且搭乘飞机的手续繁复，机场离市区又有点距离（须提早到达），所以搭飞机并不是那么普及。但近年来廉价航空（Budget Airline）的兴起，让乘坐飞机不再那么昂贵，票价有时比搭火车更便宜。但是，廉价航空为了节省成本，飞机上不提供餐点、不提供划位（自由选择座位）、大型行李计费、前往机场的时间较长等因素，都要考虑在旅行计划里。位于巴黎郊区的博韦（Beauvais）机场，则是专门提供给廉价航空公司的起降机场，如往返欧洲其他城市的Ryanair、Wizz Air航空公司。

巴黎与机场之间的公共运输只有一种：接驳巴士。从巴黎的马约尔门（Porte Maillot）出发，单程票价为15欧元。从出发到登机需预估3小时15分钟。博韦（Beauvais）机场的网站也出售廉价机票，很受年轻人的欢迎。从巴黎搭飞机至欧洲其他城市所需时间见第69页。

博韦机场 W www.aeroportbeauvais.com

航空公司网站看这里

法国航空公司网站
W www.airfrance.com

欧洲廉价航空网站
Ryanair W www.ryanair.com
Easyjet W www.easyjet.com
Air Berlin W www.airberlin.com

机票比价网站
Liligo W www.liligo.fr
Opodo W www.opodo.fr

跨省跨国的巴士
Prendre Eurolines

从巴黎出发到外省或其他国家，长程巴士是最省钱的方法。搭晚上出发早上到的班次，在车上过夜还可省住宿费。注意：出发地点别弄错，最好结伴搭乘。

IDBUS巴黎到伦敦只要39欧元，且巴士上提供Wi-Fi上网。可先至网站查询最新班次、价位与路线，时常有优惠促销价。

Eurolines网站 W www.eurolines.com
IDBUS网站 W fr.idbus.com

出租车
Prendre le Taxi

法国的出租车不仅贵还很难叫到，除非是在出租车招呼站。每个城市的出租车计费都些许不同，一般起跳2～3欧元，每公里不同时段1～2.8欧元。若担心超过预算，可先询问司机到目的地的大概价钱。

有火车站的地方一定有出租车搭乘站，但不一定有出租车在搭乘站候客，尤其是较偏僻的小镇，人们都打电话叫车；若不知道叫车号码，可询问车站内的游客中心或售票窗口。

公交车
Prendre le bus

在法国，除了大城市外，公交车并不是很普遍，许多城市的公交车还有淡旺季之分，甚至还容易改换班次。如果真要搭乘，一定要查询清楚班次及时间。例如，买的时候，就要问清楚去的班次和回来的班次是否正常发车，因为有许多公交车一天只有一班，那表示无法在当天来回，就要考虑是否有酒店可住了。

开车

法国的铁路网虽然密集，但还是有许多迷人小镇没有火车可以到达，这使开车便成为自由度最高的一种旅行方式。在法国，开车的条件很简单，只要带上国内驾照和公证件，就可以在法国开车。但法国地域辽阔，所以车程较远，以巴黎到南法为例，就要7～8小时。安排行程时，尽量找两位以上会开车的人同行，轮流开车就不会那么辛苦。

如何租车

如何租车(Location de voitures)呢？可利用网络先在租车公司的网站上预订，到法国后再直接取车。但租车前需注意许多事项，如是否有人可轮流开车、是否有国内人习惯的自动挡的车、是否有冷气设备等条件。

价格须知

租车公司常以配套与优惠的方式吸引顾客，如周末比平日便宜、租14天比10天便宜等，可先参考各家租车网站的报价后再决定。租车的价格除了时间与车种不同的条件外，还有以下几种因素会影响租车价格：自动挡的车(Automatique)会比手动挡的车(Manuel)贵，甲地租车乙地还车会加70～100欧元的费用，柴油车比高级汽油车贵(但柴油加较便宜)，保险费、第二驾驶费用(约30欧元)。除此之外，租车公司也会限制每天所开的里程，一般一天的公里数约250公里，超过会以每一公里约0.8欧元的计费方式计算。所以，在租车前，把计划中的路线与里数规划好是很重要的，这样才能计算出以何种方式租车较划算。租车时油是加满的，还车时也需加满油，不然会被扣费。

租车网站看这里

EUROPCAR　W www.europcar.fr
AVIS　W www.avis.fr
HERTZ　W www.hertz.fr
ADA　W www.ada.fr

查询路线网站看这里

法国国道　W www.autoroutes.fr
米其林　W www.viamichelin.com
MAPPY　W www.mappy.fr
法国交通道路安全资讯网
W www.securiteroutiere.equipement.gouv.fr

开车小提醒

准备地图或租借GPS

在法国开车除了仰赖路标和地图外，也可使用全球导航系统(GPS)。地图在书报摊或休息站都买得到。许多租车公司都提供GPS的出租服务，一天的费用大约是10欧元，如果租的是比较高级的车种，则包括在配备里。使用导航系统的好处是，开车较轻松，且不怕迷路，对外国游客来说，这一点尤其吸引人。

租车与开车的省钱法

- 高速公路的过路费和油费是开车的最大支出。高速公路上的加油站价格比省道或国道的加油站贵；如果担心过路费高，可走国道或省道，风景也较优美。租柴油车虽然贵一些，但柴油比汽油便宜且省油。
- 使用地图有它的乐趣所在，租GPS的费用拿来买地图书绰绰有余，但一定要有另一位同行者专门看地图才安全。
- 在网上租车时多比较，多试试不同天数或周间租车，价格会有大的差别。

法国道路概况

Le réseau routier

法国道路系统主要有高速公路(Autoroute)、国道(Route Nationale)、省道(Route départementale)与一般道路。

高速公路(Autoroute)

限速为晴天130公里/小时，阴雨天110公里/小时。高速公路在地图上以红字"A"表示，后面的数字是道路编号；有时后面会有字母"E"，这是欧盟国道路编号。

法国高速公路的收费标准由各省与道路营业公司来定，只要把握一个原则就不会出错：如果进入高速公路没有给票的路闸，那表示出高速公路或在收费站时付费；如拿到票就要在收费站先验票然后计算费用，如果没拿到票表示是统一价格。

接近收费站时会标示收费路闸，分3种：储值电子卡、信用卡(收费站的标示为CB，常见的VISA与MASTER卡都广为接受)及现金(有人像标示的车道)。

高速公路上的休息站分两种：一种是较大型的，包含餐厅、商店和加油站，另一种则是公园式的休息站，两者皆有公厕可使用。

国道(Route Nationale)

限速约100公里/小时。在接近市区或乡镇时，会降至80公里/小时甚至50公里/小时，需要特别注意。国道在地图上以红字的"N"表示。

国道是许多大型卡车的路线，遇到大型卡车一直跟在后面，建议先路边让行。在接近大型城市的地方，大多有大型加油站与商场，价格会比高速公路上的加油站便宜。如果怕进入市区容易迷路，最好走环城道路。

省道(Route départementale)

法国省道的编号以字母"D"开头，在地图上以黄色标示。限速约90公里/小时，同样的进入市区乡镇会有不同的时速限制。省道上常会遇上速度极慢的车，需等到白色虚线道路才可以超车。

在法国的开车习惯与注意事项

在法国开车跟在中国国内有很多不一样的地方，需注意以避免造成危险。

❶ **法国与中国交通规则最大的不同为**：右来车优先，所有从右边来的车都有优先权，除非有方形黄菱形标志(表示为主要干道有优先权)。

❷ **圆环的规则**：行驶国道时会遇上许多圆环，圆环上会标示前往城镇的名称。在法国，已经进入圆环的车子有优先权，外来车需先让车。

❸ **红绿灯灯标**：大多在右方的人行道上，不像国内是在前上方。

❹ **严禁由右车道超车**：交叉左转的会车以螺旋方式进行，要超过前方也要左转的车的车身再左转；如果国道是二车道或三车道，尽量留在外车道，内车道是留给超车时用的，严禁由右车道超车。

❺ **安全带**：驾车时无论前后座都需系上安全带。

❻ **停车时车内净空**：如有行李、GPS或包包也尽量放入行李箱里，法国时有打破玻璃偷取车内用品的事件发生。

受法国人欢迎的共乘网

以汽车共乘的方式前往目的地，并分担油费与过路费，是近年来法国相当流行的交通方式。这种方式的优点是，价格便宜又可直接和法国人接触。只要在网站上搜寻出发地与目的地，即可找到同路线的车主，以共乘的方式前往目的地。

W www.covoiturage.fr

更多 App 应用程序请至旅法实用 App 快速下载页面：
helloparis.free.fr/france/app.html

智能手机应用程序

图示	iSO 与 Android 系统皆适用
	SNCF DIRECT 铁路即时资讯 提供最即时的铁路与车站的资讯，即时的出发与到达车次的月台资讯，可定位找出离自己最近的车站位置。
	法国国铁旅游（Voyages-sncf） 可直接查询火车时刻表，也可定位找出离得最近的车站资料，附加其他交通与酒店的配套方式，很适合作旅行计划时的查询。
	米其林交通资讯（ViaMichelin） 提供即时路况信息，包括限速雷达与工程的路况资讯，还可查询路线并计算出路线所需的油费与过路费用。

全法交通篇

应用法语

应用单词

gare 火车站
départ 发车
adulte 大人
aller simple 单程票
billet circulaire 周游券或联票
côté fenêtre 靠窗
1 ère classe 头等舱
réservation 订位席
train direct 直达车
compartiments fumeurs 吸烟区
compartiments non-fumeurs 非吸烟区
bureau des objets perdus 失物招领处
autoroute 高速公路
sortie 出口
payant 付费
péage 收费站
aires de repos 休息站
station d'essence 加油站
interdit 禁止
essence(SP95) 汽油
Gazole 柴油

voie 月台
arrivée 抵达
enfant 小孩
aller retour 往返票

côté couloir 靠走道
2e classe 普通舱
sans réservation 自由席
train rapide 特快车

实用会话

Où je peux acheter un billet？
哪里可以买票?

Où je peux réserver une place？
哪里可以买预售票?

Quel guichet vend les billets pour ___？
到___的票在哪一个窗口买?

Où est le guichet pour réserver un billet？
哪一个售票窗口卖预售票?

Je voudrais les horaires.
我要一份时刻表。

Je voudrais réserver une place assise / couchette / cabine.
我想要预订一个座位 / 卧铺 / 房舱。

Je voudrais réserver une place dans un wagon-lit
我想要订一个卧铺的位子。

au-dessus / au milieu / au-dessous.
上铺 / 中间 / 下铺。

Nous sommes ___ personnes.
我们总共有几个人。

De quel quai part le train？
在第几月台上车?

Où va ce train？
这列火车到哪里?

开始在法国
自助旅行

巴黎交通篇
THE TRAFFIC IN PARIS

巴黎其实不大，骑自行车即可轻松游巴黎

真正广大的是大巴黎地区。两圈以外的地区法国人称为大巴黎或巴黎郊区。本篇详细介绍各种最有趣、最省钱、省时又最便捷的巴黎交通方式。

巴黎大众运输系统	76
巴黎运输概况	76
大巴黎的圈数怎么看	77
巴黎地铁与快速铁路线图	78
巴黎地铁与快速铁路热门路线	80
巴黎地铁	81
怎么购票最划算	81
大巴黎交通票价分析	82
如何搭地铁与快速铁路	84
哪里可以买到地铁票	86
如何用自动售票机买票	86
搭巴士	88
如何搭巴士及确认方向	88
巴士车厢内部说明	89
搭出租车	90
搭旅游巴士	90
露天旅游巴士	90
骑自行车	91
如何租用自行车	91
什么是 Vélib' 自行车	92
如何使用 Vélib' 自行车	92
搭游船	93
塞纳河游船	93
应用法语	94

巴黎大众运输系统

大巴黎共有14条以数字为名的地铁（Métro），5条以英文字母为名的快速铁路（RER），多条以T开头与数字命名的电车线，还有30多条以两位数命名的巴士（Bus）与上百条遍布郊区的以三位数命名的巴士，可以说交通网是非常地密集与方便。

要弄清楚巴黎的大众运输系统，实在不是一件简单的事。如果搭地铁到处玩，可能会错过许多美丽的风景；想去郊区的凡尔赛宫或迪斯尼乐园玩，没买对票可能就会被卡在出票口出不去，更严重点，想说出不去就钻出出票口，小心查票员就在转角等着你，他可是不管你会不会讲法语，罚款开出来就得付清才可以走！

是不是有点被吓到？其实没那么严重，只要弄清楚运输系统及几项要点，就可以逍遥自在地到处游玩！

巴黎运输概况

以大巴黎法兰西岛地区（L'Île-de-France）来说，大众运输系统由多个营运单位组成，最主要的还是巴黎大众运输公司（RATP, Regie autonome des transports parisiens），它负责主要的巴黎大众运输，如巴黎市区内的14条地铁（Métro）与可到大巴黎

的郊区的快速铁路（RER）、电车（Tramway）、巴黎市内的巴士（Bus）。除此之外，也包含了塞纳河上的游艇与脚踏车，以及通往巴黎机场的机场巴士。

另外，衔接巴黎与郊区的巴士以及外省与外省之间的长程路线则是由法兰西岛运输专业组织（OPTILE，Organisation professionnelle des transports d'île de France）和隶属法国国铁局（SNCF）的Transilien运输公司负责。而颇受欢迎的巴黎自行车Vélib'虽是大众运输的一种，却由巴黎市政府独立管辖，尤其是在交通运输业常发生罢工的法国，罢工期间Vélib则成为地铁或巴士的替代品。

交通实用网站看这里

RATP W www.ratp.fr
　只要输入地址或地点，就可轻松知道如何搭车前往，打印出来或是存在手机上就不用怕找不到路了。

Transilien W www.transilien.com
　想去较偏远的大巴黎地区，却在RATP的网站上找不到路线？就来Transilien的网站查询吧！

Vélib' W www.velib.paris.fr
　Vélib'的网站提供自行车之旅的许多有用的资讯，也可查出所有Vélib'站点的资讯。

Transports IDF W www.transport-idf.com
　可查询大巴黎地区的交通，且提供非常详细的英文版。

查询巴黎与大巴黎的地图路线与即时资讯
W www.ratp.fr/plan-interactif

查询至郊区的票价
W www.ratp.fr/informer/tarifs_idf/tarifs_idf.php

巴黎地铁图下载
W www.ratp.fr/informer/pdf/orienter/f_plan.php

巴黎观光地图下载
W www.ratp.fr/fr/ratp/r_41327/plan-paris-tourisme

大巴黎的圈数怎么看
Les Zones

大巴黎地区的票价主要根据圈数来计算。大巴黎地区以范围来划分圈数(Zone)，一共有5圈：4圈以内是一般游客会旅游的范围，而以巴黎中心算起2圈内即是巴黎市中心，而第三圈至第五圈则被称为"大巴黎地区或巴黎郊区"。巴黎大多数的旅游景点都在巴黎市内，所以买2圈的地铁票就足以应付巴黎各著名的旅游景点，除非是要到郊区外的迪斯尼乐园(5圈)或凡尔赛宫(4圈)，交通票就要依不同的圈数来买。

轻轨电车(Tramway)负责小巴黎的环城公共运输

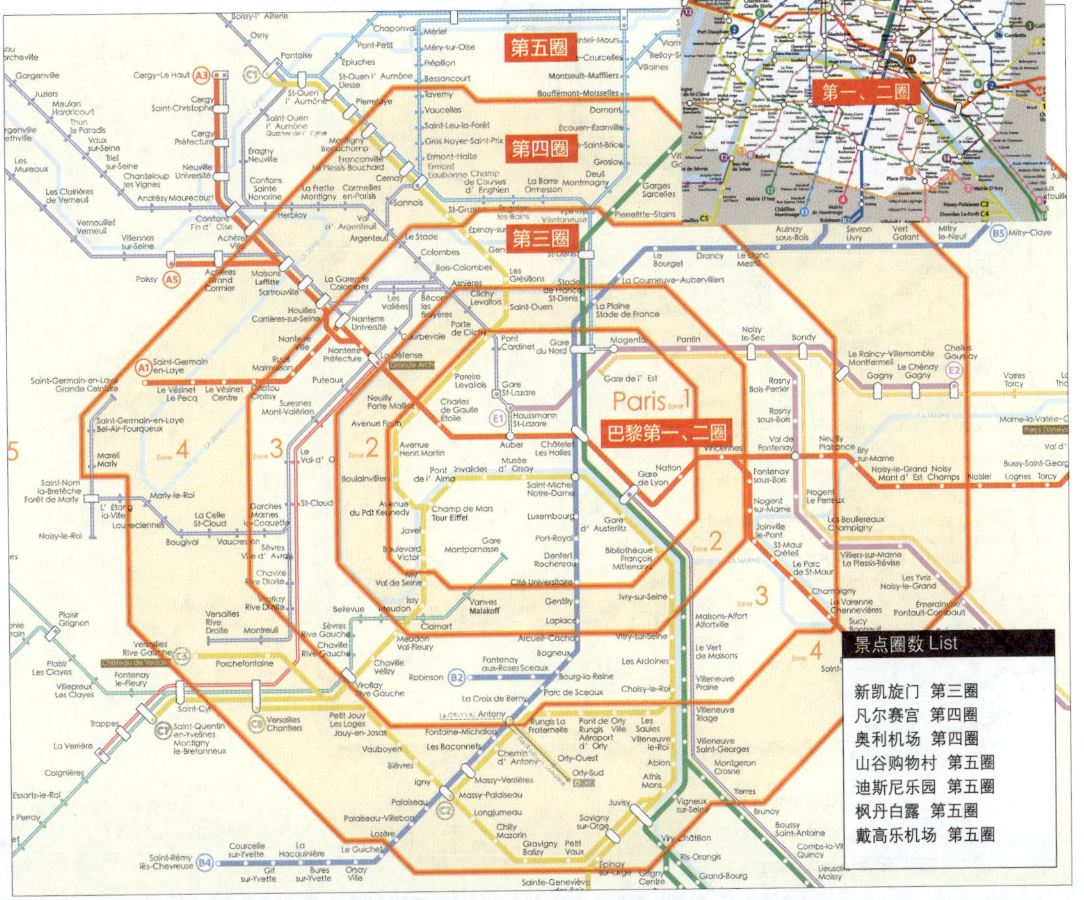

景点圈数 List

景点	圈数
新凯旋门	第三圈
凡尔赛宫	第四圈
奥利机场	第四圈
山谷购物村	第五圈
迪斯尼乐园	第五圈
枫丹白露	第五圈
戴高乐机场	第五圈

巴黎地铁与快速铁路线图

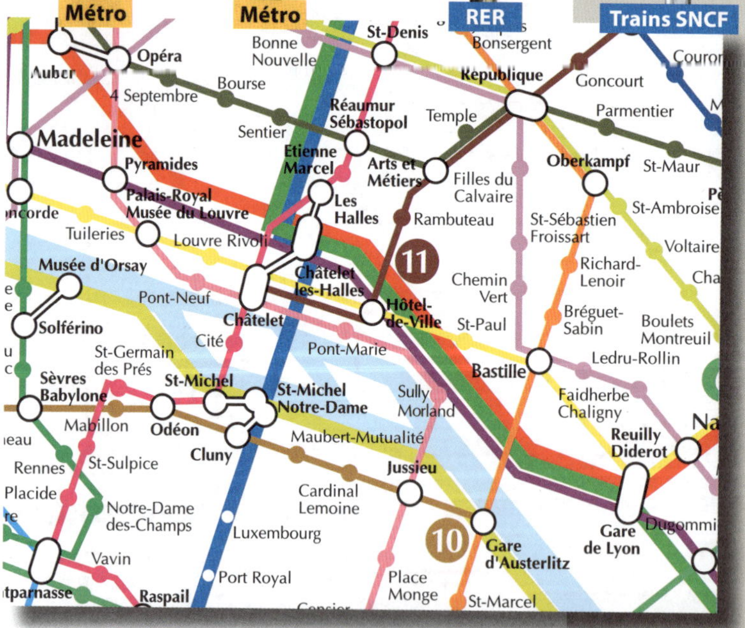

巴黎地铁・快速铁路・电车路线图
PARIS Métro・RER・Tramway

巴黎的地铁(Métro)共有14条线，阿拉伯数字1~14为路线名称。

郊区快速铁路(RER)共有5条线，以字母A、B、C、D、E为路线名称。(此图指标是行经巴黎市内的部分。)

电车(Tramway)共有4条线，以T1、T2、T3a、T3b为路线名称。

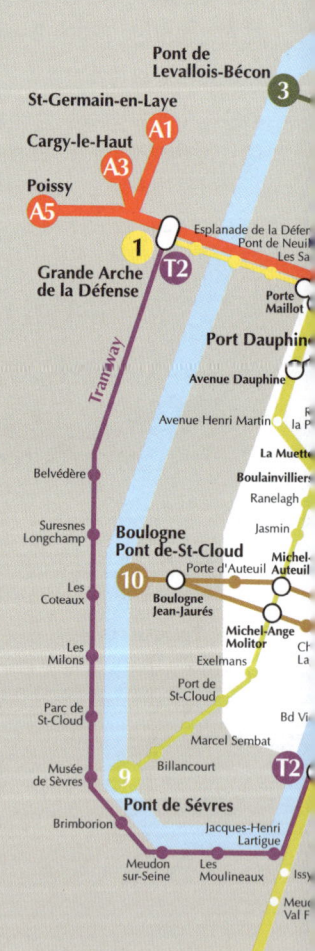

○ 与其他线有交接的地铁站
细线：地铁路线（Métro）
粗线：快速铁路线（RER）

巴黎地铁与快速铁路热门路线

- **1号线**：巴黎载客量最大的路线，因为从西到东穿越了整个巴黎，也是经过许多著名景点的路线之一。从西边的新凯旋门到凯旋门，再经过香榭丽舍、罗浮宫、市政厅、巴士底，直到万塞讷城堡与森林。这是游客最多的一条路线，也是扒手很多的一条路线，搭乘这条线时要特别注意。

- **14号线**：巴黎最新、最快速的线，是巴黎唯一全自动无人驾驶的地铁线。因为是新线，也在很深的地底下，搭乘时必须要下至好几层才可以到达。经过马德莱娜教堂、歌剧院、市政厅还有里昂车站，最后经过密特朗图书馆与中国城。

- **7号线**：粉红色的七号线，从北到南贯穿巴黎，从最北边的科学园区到巴黎北站、歌剧院、罗浮宫、新桥，穿越西堤岛至巴黎拉丁区、意大利广场再到中国城。如果想到中国城吃有名的越南河粉，搭7号线是最方便的。

- **6号线**：巴黎少数会在地面上穿行的地铁线，也是乘着地铁观赏巴黎的最佳路线。从巴黎右岸跨越塞纳河，行经贝西公园、意大利广场到中国城，再横越14区蒙帕那斯大楼与车站，再度跨越塞纳河至夏乐宫，然后直达凯旋门。这也是一条欣赏埃菲尔铁塔的最佳路线。

- **快速铁路（RER）A号线**：横轴贯穿巴黎的A号线，路线有一半是行驶在有名的"历史的黄金轴线"上。从郊区的圣日耳曼昂莱镇到新凯旋门，穿越塞纳河至凯旋门，再行经歌剧院、市政厅、里昂车站、万塞讷城堡，再至有名的购物村与迪斯尼乐园。

- **快速铁路（RER）B号线**：从北到南行经一南一北的国际机场。从戴高乐国际机场下来，行经法国最大的国际展览场、法兰西体育场巴黎北站、圣米歇尔、卢森堡公园、大学城再至南边的奥利国际机场。这条路线经常闹罢工。

智能手机应用程序

图示	iSO与Android系统皆适用
RATP	**RATP 巴黎交通资讯** 提供巴黎地铁、巴士和RER以及夜间公交车的地图与时刻表，可直接定位与查询路线，并提供可搭配的不同的交通工具及所需时间。
Velib'	**Velib' 自助租用自行车资讯** 可定位所在站点的位置，并提供路线建议，可设定显示美术馆或景点附近的站点。
Transdev	**Transdev Ile-de-France 大巴黎交通** 大巴黎地区的交通查询应用软件，只要打上地址，就可查询前往方式，也包含郊区地图、时刻表与下一班来车时间。

更多App应用程序请至旅法实用App快速下载页面：
helloparis.free.fr/france/app.html

巴黎地铁

怎么购票最划算

如果旅行目标设定一天1～2个景点,那么买10张的联票(Un carnet)就可以了;如果是一天不跑3个景点不罢休的人,那买张全日卡(Mobilis)或是以一周或一个月来储值的交通悠游卡(Navigo Découverte)是最方便的。最简单的计算方式是,只要一天内打算乘坐地铁或巴士5次以上,那就买全日卡!因为即使使用联票,一张也要1欧元多,搭5趟来回的票价,就可以买张全日卡了。全日卡可无限次地搭乘巴士、地铁,所以十分划算。

若不赶时间,前往郊区的小城市,搭乘巴士使用"Ticket t +"最划算,无论是第几圈,搭巴士一张票就可以搞定。如果同行有5人,去郊区景点最划算的是买单一地点的10张联票,5人一起使用。善用网络的票价与估算功能,可以找出最省钱的方法。

联票(Ticket t+)的使用方式

可选择地铁与快速铁路或者是电车和公交车搭配使用,在1个半小时之内,可任意换乘;但如果是搭完地铁需转搭公交车的话,就需要用到2张票。需注意的是,公交车上只出售 Ticket t+ 单张而不出售10张联票,且只能单次使用不可转乘。另外,如果是搭乘快速铁路至两圈以外的地方就无法使用这种票,但是两圈以外的巴士可使用 t+ 联票。

全日卡(Mobilis)的使用方式

全日卡(Mobilis)以单张票的方式使用,使用前需在票里写上日期和姓名。搭公交车时只要出示给司机看即可,不需放入检票机;搭乘地铁或快速铁路,则要选择可检票的闸门入地铁站。全日卡使用时间以当天的凌晨开始算起,而非以开始使用后的24小时计算。

悠游卡(Navigo Découverte)的使用方式

悠游储值卡(Navigo Découverte)以储值周票或月票的方式使用。刚买来的卡里面并没有储值,需要再到有感应器的售票机器上选择周票或月票储值。刚买来的悠游储值卡会附上识别卡片和储值卡(号码需要一致)。将资料填好,照片贴好后,才可以开始使用。无论是公交车、地铁还是快速铁路都是以感应的方式验票,只要在紫色的感应器上刷一下,机器显示绿灯及发出声响,表示可通行。

未经储值的 Navigo 卡售价为5欧元

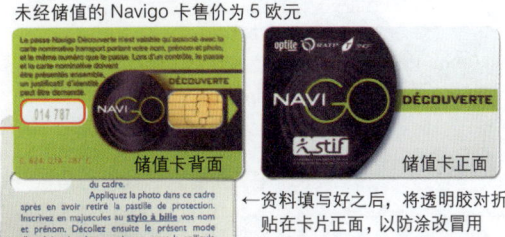

储值卡背面　　　　储值卡正面

标示着"t+"的联票为白色底,可选择地铁与快速铁路或是巴士与地铁一起使用。单张售价1.7欧元(巴士上单张售价2欧元)。

TICKET "t+"

10张联票,使用方便且价格也较划算,是使用最普遍的票种。10张售价13.5欧元。

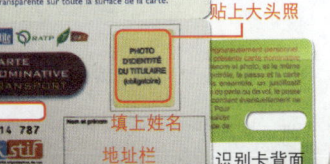

识别卡正面　　　识别卡背面

←资料填写好之后,将透明胶对折贴在卡片正面,以防涂改冒用

贴上大头照

填上姓名
地址栏

打开就是地铁图

大巴黎交通票价分析
Les billets de transports

在巴黎要无拘无束地游走,最方便的还是买以下介绍的票种。使用这种类似通行证的地铁票,可以在一定的天数与范围内无限次数地搭乘交通工具。对于喜欢走走看看或没有行程规划的人来说,是再方便不过的了!

无论是全日卡还是周票,都会因为圈数不同而价位不同。以下是各种票种的比较,价格以2014年的票价为参考,而每年的7月票价都会作小幅度的调涨。另外,巴黎旅游卡将成为未来游客专用的交通卡,虽然价格较高,但所附的小册子里有许多景点或餐厅的优惠券。

次数或天数	单程票 / 10张联票	单程票 / 10张联票	1 jour (1天)
名称	适用2圈巴黎以外,单一目的地的景点 Billet Origine-Destination	适用2圈巴黎市内的景点或郊区巴士 Ticket t+ / Un Carnet	全日卡 (Mobilis)
Zones 1 à 2 (2圈)	2.35 / 18.80 欧元	1.70 / 13.70 欧元(巴黎市内的交通工具皆可搭乘)	6.80 欧元
Zones 1 à 3 (3圈)	3.05 / 24.40 欧元	1.70 / 12.70 欧元(限郊区巴士)	9.05 欧元
Zones 1 à 4 (4圈)	凡尔赛宫 4.20 / 33.60 欧元 奥利机场 11.65 欧元 维勒班特展览中心 4.20 / 33.60 欧元	1.70 / 12.70 欧元(限郊区巴士)	11.20 欧元
Zones 1 à 5 (5圈)	山谷购物村 6.70 / 53.60 欧元 迪斯尼乐园 7.5 / 60 欧元 戴高乐机场 9.75 / 78 欧元	1.70 / 12.70 欧元(限郊区巴士)	16.10 欧元
适用对象	只有某几天想去郊区景点的人,如前往凡尔赛宫或迪斯尼乐园	适合酒店在观光区附近,一天搭巴士或地铁不超过5次的人	在巴黎停留的时间短,又想一天跑多个景点的人
注意事项与使用方式	若买一日/周/月票,就以圈数范围计算;若买单张目的地票,则会依站而价格不同。10张联票会比单张票便宜20%~30%	一次一张,可选择地铁与快速铁路或是电车和公交车搭配使用。在1个半小时之内可任意换乘。可在公交车上买(1.90欧元),但不可换车或坐来回	如买5圈全日票,仍不可搭乘RER及机场巴士Orlybus、Roissybus至机场,但可搭350或351巴士至戴高乐机场或183、285巴士至奥利机场

*资料时有变动,依最新公告为准。以上Navigo票价不包含储值卡本身的售价(5欧元),票价为全票价。
*部分RER两圈的站不能使用Ticket t+,如新凯旋门(La Défense)或法兰西体育场(Stade de France),需买单一目的票前往,单一目的地的票价请上网(www.ratp.fr/tarifs)查询。

大巴黎交通票种使用注意事项

● **5圈全日卡不能搭至机场**
戴高乐机场虽在5圈范围内，但需购买单程机场票或巴黎旅游卡（Paris Visite），因为机场这一站的税务与其他地方不同。

● **地铁和RER圈数算法不同**
有些地铁站虽是同一站，但地铁和快速铁路（RER）的算法却不同。例如，1号线的La Défense，搭地铁算2圈，但是搭RER却算3圈，许多游客买2圈的票乘坐RER到La Défense，出不了站就是这个原因。这时，千万不要冒险"钻"出票闸口，有可能验票人员就在转角等着，最好请服务窗口的人员处理。

● **验票须知**
搭地铁时，用过的票不需再验一次就可以出站；但如果搭RER，进出站都需验票。无论哪种票，最好妥善保存，出站再丢掉，不然遇到验票人员验票，就百口莫辩了。

● **全日卡、周票、月票须知**
搭公交车若是用全日卡、周票或是月票，上车时只要出示或是感应验票机（Navigo）就好，不需将票放入闸票口。万一不慎放入闸票口，有可能搭地铁时就会过不了闸口，这时只要拿到售票口换就可以了。

表格整理：陈翠霏

1 semaine（1周）	1/2/3/5 jours（1/2/3/5天）	1mois（1个月）
Navigo周票 (Navigo Découverte Hebdomadaire)	巴黎旅游卡（Carte de visite）	Navigo月票 (Navigo Découverte Mensuel)
20.40 欧元		67.10 欧元
26.40 欧元	10.85 / 17.65 / 24.10 / 34.70 欧元	86.60 欧元
32.00 欧元		105.40 欧元
34.40 欧元	22.85 / 34.70 / 48.65 / 59.50 欧元	113.20 欧元
刚好周一到巴黎，且停留多天，计划去5圈郊区景点的人	旅游卡可获得许多美术馆甚至餐厅的20%～30%的折扣优惠、	刚好月初到巴黎，且待的时间长，如游学的人
无论哪一天买周票，都是以周一开始算，且只能使用至周日午夜	包含往奥利机场（Orly）的接驳巴士，分1～3与1～5圈票。计算时间：从当日05:30到隔日05:30算一天。有许多附加优惠（www.ratp.fr/fr/ratp/c_22601/avantages-de-paris-visite）	每个月第一天开始算起

*买了票，记得在票上写封套注明的编号。周票及月票则须贴上大头照，以防一张票多人共用，即使是外国人也要贴上大头照。
*凡尔赛宫买单张或10张联票比买全日或周票便宜（单张4.2 / 10张联票33.6 欧元）。
*戴高乐机场与奥利机场虽是5圈与4圈，但属特殊票价（包含机场使用税），所以价格会比同圈的其他站高许多。

如何搭地铁与快速铁路
Comment prendre le métro

Step 1　找到地铁站

巴黎的地铁网络遍布密集，只要能找到地铁站或快速铁路车站，便能很容易地找到前往目的地的路线，即使迷了路，只要问一下路人："附近的地铁站在哪里？"（Où est le métro le plus proche?）就可以找到了。通常，地铁站的地面层出口处就有地铁图可参考。

Step 2　看路线和方向

先找到自己所在的地铁站，再找目的地的位置，把路线方向与线路号码记下，再记下需要换乘的站名。

Step 3　选择票种买票

如果需要买票，进地铁站后先找有服务人员的售票柜台或自动售票机买票。如果进入的地方没有柜台又需买票，就需要先上地面层，再找其他的地铁出口买票。

买票小提醒
售票窗口的人员大都会讲英语，而窗口的玻璃上也会贴着所有票种的表单；若语言不通，直接指着表单最快。

Step 4　进检票口或刷感应器

如果是单张票，需找可将票放入闸机的入口。将票放入后，票会跑到入口的前端，取出即可通过；或以感应的方式通过闸口。如果票有问题会显示红灯，这时可找旁边的售票窗口换票或解决票务问题，千万别自己就钻进闸口。

Step 5　确认方向和月台

进入地铁后，先寻找要搭乘的地铁线号码和方向，依指示前往搭车的月台。等地铁时，尽量不要靠近铁轨，因有时人多往前推挤，会有跌轨道的可能，非常危险。

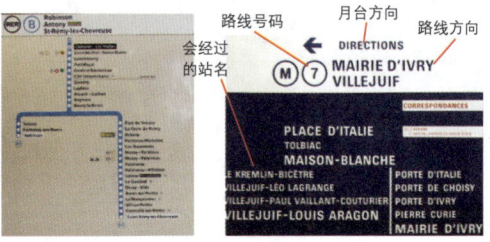

路线号码　月台方向　路线方向
会经过的站名

Step 6　找出目的地站名

上车后，可在车内找到此条线的路线图，以及与其他线相衔接的站名，确认约需几站到目的地或转车。

与其他线有连接的站名　终点站名

Traveling in France

Step 7 准备下车

在每站的月台的墙上，都会标示出当前站的站名，很容易辨别。除了几条自动化的路线会将门自动打开外，其余的路线在下车时需按下按钮或是转动旋转把，门才会打开。

Step 8 换乘或找出口

在月台上会标示出口或者是换乘线的搭乘方向，可依指示前往换乘其他线的月台。在地铁站里都会附有地铁周边的出口示意图，先将前往的地点找出，再找出离哪个出口近，从这个出口出站就快多了。

Step 9 出地铁站 地铁

出地铁时，直接走出出口(Sortie)，闸门会自动开启。走出这个出口，也表示完全走出地铁站了，如果要再进入就得从票闸口进入。

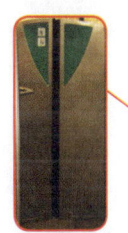

Step 10 出RER检票口 RER

快速铁路（RER）的出口与地铁不同，需要再将票放入检票机，出口的门才会开，尤其是在巴黎市中心的Châtelet-Les Halles这站换车时，需要进出多次检票口才能顺利出入。

搭地铁或快速铁路的注意事项

过票闸时，票有问题、行李太大过不去、残障者或是推着婴儿车过不了闸口，怎么办？票有问题一定要找窗口，如果是10张联票就先试试其他几张，最后再把有问题的票一起拿去窗口换。

大部分的地铁站都会设有行李专用的闸道，只要先将行李放在行李闸道往前推，人过了闸口就可以把行李拉过来了。如果是儿童车或轮椅，只要向窗口票务人员提出要求，就可使用残障者专用的宽门进入地铁。

每一个月台入口都有一个很详细的路线图，上面标示着和其他路线的衔接站。进入月台时，再确认一次路线就不会搭错车！

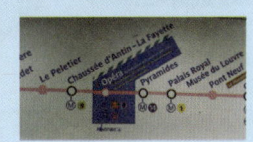

巴黎地铁已是百年老古董，常常会整修，只要在路线图上看到蓝底白字标示，就表示此站有可能全部关闭或有些线无法换乘。

哪里可以买到地铁票

每一个地铁站至少会有一个售票窗口与自动售票机，如果进入地铁的入口没有售票窗口，只要再找另一个入口，沿着标示"Guichet"的方向就可找到售票柜台或在售票机购票。你也可以在有红色TABAC招牌的香烟店买地铁票，但它与自动售票机一样，并不是什么票种都有卖，最保险的还是找有服务人员的售票窗口买票，只是有时候售票窗口会排长队，尤其是每个月初上班族购买Navigo月票时，这时售票机是最方便的。在巴士里也可以向司机买票，但在巴士里只可以购买单张票，价格较高且不可以转乘。

右边这个标志表示可以买到RATP的车票。通常是香烟店兼着卖票或是乐透彩票(LOTO)。每月的第一天，因为地铁里经常是人们排着长队等着买月票，所以在这里购票就比较快捷。另外，这里也为那些想搭巴士不想下地铁买票的人提供方便。

如何用自动售票机买票
Comment acheter un billet

注意 有些自动售票机只接受附有芯片的信用卡。购买前先确认机器是否可接受钱币或纸钞，如果机器只接受信用卡，而你的信用卡又没有芯片与六位密码输入，那就只能在有服务人员的窗口买票了。

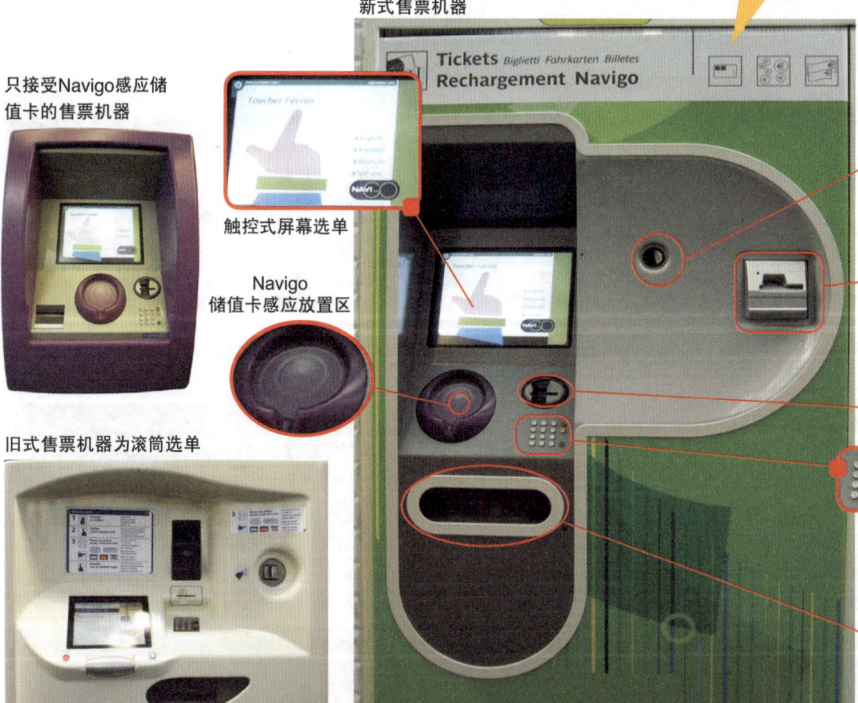

新式售票机器

只接受Navigo感应储值卡的售票机器

触控式屏幕选单

Navigo 储值卡感应放置区

旧式售票机器为滚筒选单

硬币投币口

纸钞置入口

信用卡插槽

红色键：取消
黄色键：更正
绿色键：确认

信用卡密码确认钮
按完密码记得按数字键盘旁的绿色确认键

取票、收据口

Traveling in France

巴黎交通篇

注意 ｜ 进入语言选项后，画面会一分为二，分为使用 Navigo 卡储值，或是购买联票或单张票。

Step 1 选择语言与票种

目前，地铁站里有好几种售票机器，要先弄清楚是要 Navigo 卡储值还是买票，再选择机器。跟着屏幕的步骤操作，其实一点也不困难。

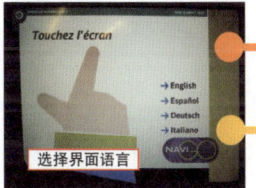

选择界面语言

Step 1 选择储值或购票

如果是可储值又可买票的机器，在选择语言之后就会进入选单。左边是已经有 Navigo 卡要储值的选项，右边是买票的选项。如要储值需先将 Navigo 卡放在感应区上。

购票 / 储值

Step 2 选择选项

可直接进行储值，新的储值卡预设值是两圈。如果要更改，可直接选圈数更改选项。

储值周、月票

直接储值 / 更换储值圈数

购买联票、单张票

全票 / 优惠票

Step 2 选择种类

选择全票或优惠票。10 岁以下的儿童皆以优惠票的价格来算。

Step 3 选择种类

选择周或月储值，选错可按取消或回上一页。

储值 1 个月 / 储值 1 周

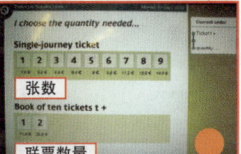

张数 / 联票数量

Step 3 选择数量

如果是选联票，选 "1" 表示一次买 10 张，选 "2" 则为 20 张。

Step 4 选择圈数

选择圈数，右边会随时显示步骤和价格。

确认圈数

继续购票 / 确认

Step 4 确认

确认数量与金额。更改可随时按回上一页。

Step 5 收据选项

这是是否需要打印收据的选项。右侧会显示价格。

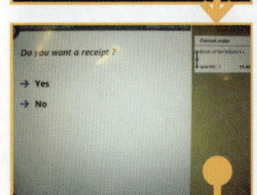

要收据 / 不要收据

Step 5 收据选项

收据通常是票吐出来之后，才会打印出来。

Step 6 付款

如果是现金，可投纸钞或硬币，机器会自动找零；信用卡则需要六位密码确认。

插入信用卡或投币

Step 6  取票或卡

付完款后，Navigo 卡需要一点时间来储值，票的打印也需要些时间。记得离开前确认卡和票都已取走收好。

搭巴士

搭巴士最能发现巴黎巷道之美。尤其是冬天，车内还有暖气。搭上巴士绕市区走一圈，就能一览城里风光。

如何搭巴士及确认方向
Prendre le bus

Step 1 找到巴士站

找到巴士站，在站牌上会标示巴士号码和方向。先看好路线，在候车亭背后有全巴黎巴士路线图。

路线号码
路线方向

Step 2 确认方向

在站亭可找到像这样的路线图，确认巴士前往的方向是否正确，并确认目的地站名在路线图上。

终点站　表示行车方向　Ici 表示你现在所在的站名位置　起点站

发车时间表

Step 3 上车检票或刷感应器

从巴士车头确认号码和方向。单节巴士一律从前门上车；双节巴士则前后门都可上车，但要按开门钮门才会开。

如果是Navigo卡，将卡放在感应器前感应即可；如果是全日卡，则不用将票放入检票机，只要出示给前门的司机看就好了。如果买的是联票或单程票，则要将票放入检票机。如需买票，可向司机购买，但司机只提供单程票。

巴士号码与终点站名

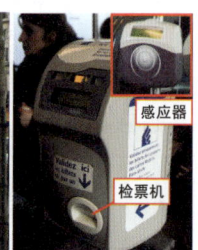
感应器
检票机

Step 4 观看站名

在车厢内有路线地图，可获知巴士已停过哪几站。下车前，需先按下车灯，这时司机座位右上方的指示灯会亮起，表示下站会停。

Step 5 下车

下车一律往中间或后面的门下。如果是两节式车厢的巴士，则要自己按开门钮开门下车。

巴黎巴士数字路线的秘密

如果看到两位数的公交车如27，表示这部公交车行驶的范围皆在两圈内，也就是巴黎市中心；如果公交车号码是三位数字如125，表示这部公交车的行驶路线以巴黎郊区为主。

巴黎交通篇

巴士车厢内部说明

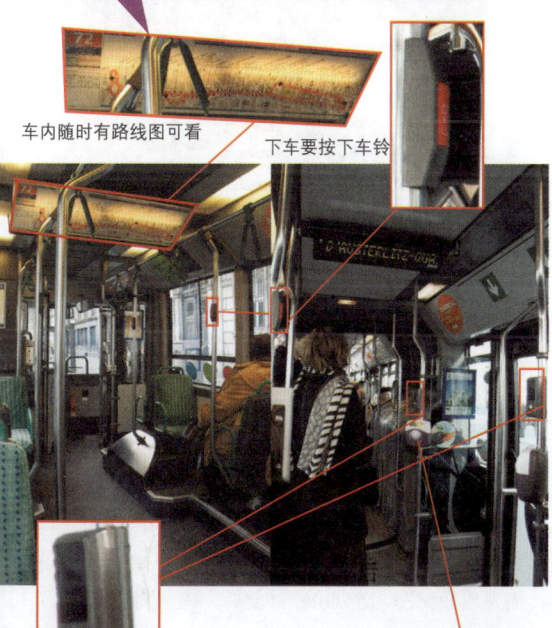

车内随时有路线图可看

下车要按下车铃

双节车要按下车钮，门才会开。无论在车外还是车内，都设有开门钮。

Navigo卡专用的感应器。上车时，只要将卡在上面刷一下，感应器发出声响并显示绿灯即可。只要是使用Navigo卡，在公交车或电车上，刷卡是乘客的义务。

巴黎公交车有两种

双节车厢巴士通常负责火车站与火车站之间的路线

小角落大发现

这是什么

走在巴黎街头，常常会看到一些物体，却不知它的作用。其实，街头有许多小东西都和巴黎人的生活息息相关。

巴黎的建筑既宏伟又古典，光看外墙的雕塑或雕花就很过瘾，而屋顶上一个个的烟囱是否表示每户人家都有壁炉可生火取暖？答案是否定的。为了安全起见，几乎再也没有人使用壁炉取暖，而一般人家里的壁炉也和这些烟囱一样，变成纯装饰性的东西了。

在巴黎随处都可看到这种赏心悦目的海报架，它已成为巴黎的风景之一。海报的更换率很快，一星期更换一次，而且广告内容大都随着季节而变化。例如，看到鹅肝酱的广告，表示节庆快到了。

为了环保而推出的巴黎电动自助出租车，小巧且无污染，行驶在路上也几乎没有声音，喇叭声也是经过特别设计的柔和声响。

在巴黎，几乎已经没有免费的路边停车，要停车就必须买停车卡来缴停车费。如果有一个小黄点，那就表示暑假停车，巷道不收钱哦！巴黎人暑假都出外度假了，当然收费员也要度假啊！蛮人性化的，不是吗？

搭出租车

找招呼站搭车最有效率

许多来巴黎的游客都抱怨巴黎的出租车难叫，这其实是有原因的。在巴黎搭出租车，最好到出租车的招呼站，因为出租车不可随便停靠路边，尤其是出租车招呼站附近的200米更是严禁载客，所以别怪出租车司机不载客，而是因此被开罚单可划不来。

巴黎的出租车数量一向有限制，一般法国人都会打电话预约，在路上拦出租车常拦不到，是因为许多出租车都已经预约了，所以到招呼站搭出租车是最保险的方式。另外，请酒店帮你打电话叫车会比自己招出租车快。

计费方式

3.79欧元起跳。计价方式分两个时段：7:00~19:00，19:00~7:00。再依地域（市区内或郊区）分成A、B、C三种计价方式。在火车站、机场或有特殊指示牌的地方乘车需加付0.7欧元；第四位乘客需加付3欧元；乘客行李超过5公斤或大型物件需加付1欧元。

法国出租车司机可以合法拒载的理由有：目的地少于50米、有动物随行、单独乘客酒醉或行李过多。

搭旅游巴士

露天旅游巴士
Les cars touristiques

如果不爱走路又爱看风景，这种露天的旅游巴士最能满足你的需求。巴黎主要有两种露天旅游车：Paris L'Open Tour（黄绿色）及Les Cars Rouges（红色）。它们提供不同的游览巴黎的路线，每条路线各有特色。车上除提供多国语言的语音导览外，还可在任何一站旅游景点下车，看完景点再搭其他班次继续游览巴黎。平均15~30分钟就有一班，非常方便。以居高临下的位置（顶层）游览巴黎，自有一番风味。

观光巴士哪里搭

Paris Open Tour
共4条路线，行经巴黎各大小旅游景点。可先在网站上购票。
票种：有两种。Pass Opentour只可搭程露天巴士；Paris à la Carte则可搭乘露天巴士与游艇巴士，无论哪一种都可任意搭乘，不限次数。
🕘 9:45~20:00。依季节变化而变动。夏天10~15分钟一班，冬天30分钟一班。
€ 露天巴士一天（大人31欧元、小孩16欧元），两天（大人36欧元、小孩16欧元）；露天巴士加游艇巴士两天（大人44欧元、小孩20欧元），三天票（大人48欧元、小孩20欧元）。
🌐 www.parislopentour.com

Les Cars Rouges
1条路线，9个停靠景点。网站上订票可享九折。
🕘 9:45至20:00。夏天7分钟一班，冬天15分钟一班。
€ 只有两天的票种（大人31欧元、小孩15欧元）。
🌐 www.carsrouges.fr

骑自行车

在巴黎,骑自行车的人越来越多,主要是因为油价与大众运输的票价年年上涨,所以许多人自然舍弃了地铁、汽车,而以自行车代步,这样不但省钱、低碳,还可以顺便运动健身,欣赏不同的风景呢!

巴黎市政府推出的 Vélib' 自行车带给巴黎人极大的方便,更让游客有了另一种更自由的游览巴黎的方式。除了巴黎市政府的 Vélib' 自行车之外,巴黎还有许多租自行车的地方。这些自行车公司的出租方式与 Vélib' 大不相同,计价方式也不一样,租车费用通常以小时、半天、全天或以周计算,费用包含出租费、保险费。除了 Vélib' 之外,租自行车都需出示证件(游客出示护照)及交付押金。

如何租用自行车

Vélo

巴黎有许多家自行车出租公司,最方便的为巴黎市政府的 Vélib'。每一家的计费方式都不同,都有其特色与优缺点。有些出租公司也提供电动自行车与自行车行程导览的服务。在规划行程时,不妨将计费方式与使用的自由度列入考虑的范围,再决定如何租自行车。

巴黎交通篇

Traveling in France

在哪里租自行车

Paris Bike Tour
- W www.parisbiketour.net
- 38 rue de Saintonge 75003 Paris
- 01-53-39-13-14
- 09:00～18:30(提供自行车导览服务)
- 地铁站3、5、8、9、11号线的République站
- € 出租价格/押金250欧元

时间	周一至周五	周末/假日
半天(4小时)	12欧元	13欧元
全天(8小时)	15欧元	16欧元
整天(24小时)	20欧元	20欧元
周末两天		28欧元

(多1小时2欧元,多1天10欧元,周末假日多1小时3欧元)

Allo Vélo(车种选择性较多)
- W www.allovelo.com
- 169. avenue Jean Jaurès 75019 PARIS
- 01-40-35-36-36
- 周一至周六 10:00～19:00
- 地铁5号线的Ourcq站
- € 出租价格/押金200欧元

时间	计时方式	费用
整天24小时	取车时开始计费	20欧元/多1天10欧元
1周	取车时开始计费	60欧元/多1星期30欧元

* 资料时有变动,依最新公告为准。
表格整理:陈翠霏

骑自行车时的注意事项

在巴黎有许多自行车专用道,但有许多自行车道是和公交车和出租车共用的。骑车时,尽量靠右边,并遵守交通规则。另外,单行道逆向行驶或是闯红灯,还是会被开罚单的。

什么是 Vélib' 自行车

"Vélib"是法文"vélo"(自行车)加上"libre"(自由)的缩写,完整的意思为"单车自由使用出租系统"(Vélos en libre service)。在巴黎市,Vélib'的出租站比地铁还密集,整个巴黎共有1800座出租站、超过1万辆的自行车,且将来还会持续增加。游客或市民只要使用信用卡购买使用券,或是通过Velib'的网站选择使用日期、购买1日或7日券,就可以逍遥地遨游巴黎。

Vélib'的计费方式分为一天1.7欧元或一周8欧元的使用券。在使用期间,可以任意地租用自行车,每次使用自行车的前30分钟不计费,第二个30分钟开始计费1欧元,第三个30分钟起每30分钟加收2欧元。简单地说,即使在一天内使用了十几次自行车,只要每次使用不超过30分钟,那么费用就只有使用券的价格!计算时间以买的时间算起,或是网站上购票所选择的时间算起。

Vélib'的便利在于,可于任何一个站点取车或是还车,而30分钟的免费使用时间足以跨越半个巴黎。可见,它是一种自由度非常高的交通工具。

在哪里租Vélib'

走在巴黎街头,随处都可看见Vélib'的站点。
 http://www.velib.paris.fr
€ 1天的租用券1.70欧元,一周8欧元。每次使用的前半小时不计费,第二个半小时为1欧元,第三个半小时以2欧元计费。

租Vélib'的注意事项

- 拿车时,最好先看一下轮胎是否有气、铁链是否完整,确定车况正常再选车。如车子有问题,可以把坐垫钮反过来,让其他使用者知道此车故障,这是巴黎人才知道的暗号哦!
- 万一还车时,站点没有位子停车,可参考租用机器上的地图找附近的其他站点还车。
- 还车时注意,将车身滑进电子锁头时,一定要等到发出两声嘀嗒声,才表示还车完成;否则,有可能会从付款的信用卡里扣去押金150欧元。

如何使用Vélib' 自行车

 找到 Vélib' 出租点

只要看到Vélib'的站点,就可随时购买使用券。记得要使用含有芯片的信用卡。

 **购买使用券**

自助售票机可显示多种语言,依据选项选择一天券或周券;依画面指示插入芯片信用卡付款,输入自己设定的六位数密码;完成后机器会吐出一张收据,上面的一排数字之后取车时会用到。

 **选车**

通过屏幕选项,输入使用券上的数字与密码,便可选择可使用的车号。选好车号后,在60秒内取车。

 **取车**

把刹车闸按开或按下电子锁上的按钮,然后将自行车拔出;电子锁上的绿灯会开始闪烁,并发出两声嘀嗒声。

 **还车**

使用完毕后,将自行车推进电子锁,这时指示灯会开始闪烁并发出两声嘀嗒声;灯不再闪烁,表示完成还车。

搭游船

塞纳河游船
Les bateaux sur la Seine

乘坐游船游巴黎塞纳河，一直是游客必选的行程。其实，就连法国当地人也会不时地坐上一回，感受平常在陆地上看不到的沿河美丽风光，或是预约游船上的烛光晚餐。

在巴黎有好几个游船的停靠站，主要集中在埃菲尔铁塔的岸边及新桥中间的西堤岛。整个行程从埃菲尔铁塔到圣路易岛绕一圈，时间约1个小时，夏天平均约每30分钟1班，可选择单次票或全日票。游船通常提供多国语言导览。

搭乘点皆靠近以下景点的塞纳河畔：Escale Tour Eiffel（埃菲尔铁塔搭乘站）、Escale Musée d'Orsay（奥赛美术馆搭乘站）、Escale Saint-Germain-des-Près（圣日耳曼德佩搭乘站）、Escale Notre-Dame（巴黎圣母院搭乘站）、Escale Jardin des Plantes（植物园搭乘站）、Escale Hôtel de Ville（市政厅搭乘站）、Escale Louvre（罗浮宫搭乘站）、Escale Champs-Élysées（香榭丽舍搭乘站）。

搭船小贴士

- 即使是炎热的夏日，坐在船上欣赏美景时，也要小心不要着凉。夏日早晚温差大，黄昏过后气温就会下降许多，搭船时最好多带件防风或保暖的衣物。
- 黄昏时，搭船的风景是最迷人的。

游船哪里搭

BatoBus
像巴士有多个停靠点，可随意选择上、下停靠站点，算是最便利与最有弹性的游艇。
- www.batobus.com
- 08-25-05-01-01
- 冬天10:30～16:30、夏天10:00～21:30，15～30分钟一班。
- 全日券大人15欧元、小孩9欧元，不限搭乘次数。
- 搭乘地铁在1号线的George V站下车，或任何一个停靠站。

Bateaux Mouches
- www.bateaux-mouches.fr
- 01-42-25-96-10
- 冬天11:00～21:20、夏天10:15～22:30，20分钟一班。
- 大人12.5欧元、小孩5.5欧元；包含午餐的游船行程，大人每人55欧元、小孩29欧元，晚餐大人99或140欧元；时间1小时10分钟。
- 搭地铁至9号线的Alma-Marceau或是RER C线的Pont de l'Alma（Alma桥河畔）；提供中文导览，可网上预约。

Bateaux Parisiens
- www.bateauxparisiens.com
- 01-44-11-33-44
- 冬天13:30～16:00、夏天11:00～22:00，70分钟一班，时间1小时。
- 大人13欧元、小孩12欧元，不限搭乘次数。
- 在巴黎圣母院旁的塞纳河堤；提供中文导览，可网上预约；提供午(晚)餐游船行程。

Bateaux Les Vedettes du Pont-Neuf
- www.vedettesdupontneuf.com
- 01-46-33-98-38
- 冬天13:30～16:00、夏天10:30～22:00，60分钟一班。
- 大人14欧元、小孩7欧元，时间1小时。
- 搭地铁7号线至新桥(Pont Neuf)站，走过新桥中间的岛上。

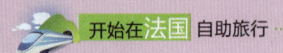

应用法语

Station de bus 公交车站
Arrêt de bus 公交车站牌
Taxi 出租车
Station de taxi 出租车招呼站
Métro 地铁
Sortie 出口
Entrée 入口
Correspondance 转车口
Billet 票
Billet aller simple 单程票
Billet aller-retour 往返票
Tarif réduit 优惠票
Agence de voyage 旅行社
Guichet 售票窗口

Ce train, va-t-il à _____ ?
这列车会到____吗？

Je peut prendre ce train pour aller à _____ ?
我可以搭这班列车到____吗？

Ce train s'arrête-t-il à _____ ?
这班列车在____停吗？

J'ai perdu mon billet.
我遗失了我的票。

Mon portefeuille est volé.
我的皮夹被偷了。

J'ai dépassé ma gare.
我坐过站了。

J'ai oublié mon sac à main dans le train.
我将我的手提袋落在火车上了。

Est-ce que cette place est occupée / libre / réservée ?
请问，这个位子有人坐/没人坐/有人预订了？

Voulez-vous me dire où descendre pour _____ ?
可以告诉我去____应该在哪里下？

Voulez-Vous me prévenir lorsque nous serons à _____ ?
如果到____麻烦你告诉我一声，好吗？

Dois-je descendre ici ?
我应该在这里下车吗？

Où sommes-nous ?
我们到哪一站了？

Avons-nous déjà dépassé _____ ?
我们已经过____站了吗？

Combien de temps on reste ici ?
要在这里停留多久？

Je voudrais acheter 3 aller simple / aller-retour pour Avignon.
我要买3张单程票/往返票到阿维尼翁。

Je peux annuler ce billet ?
我可以退这张票吗？

Quelle est la station de métro la plus près ?
哪一站地铁离这里最近？

Où est la sortie pour _____ ?
哪里是往____的出口？

Deux billets pour aller _____, s'il vous plaît.
我要买2张去____的票。

Quel chemin / numéro de bus que je dois prendre pour aller à _____ ?
到____的公交车，我应该搭几路/几号？

Où est la station de bus pour _____ ?
到____的公交车站牌在哪里？

Ce bus va-t-il _____ ?
这班公交车到____吗？

Où je descends pour aller _____ ?
到____应该在哪里下车？

Est-ce qu'il faut changer de bus ?
需不需要换别的班车？

Où faut-il changer ?
应该在哪里换车？

Quel est le prochain arrêt ?
下一站是什么？

Je voudrais descendre au prochain arrêt.
我要在下一站下车。

Pouvez-vous me dire quand nous arriverons _____ ?
到了____的话，请告诉我一声。

Quels circuits vous proposez ?
你们有什么行程？

Y-a-t-il un autocar de tourisme pour la ville / la banlieue ?
这里有这个城市/郊区的观光巴士吗？

Y-a-t-il un circuit pour la journée / la demi-journée ?
你们有一天/半天的行程吗？

Y-a-t-il un circuit pour la matinée / l'après-midi / le soir ?
你们有 早上/下午/晚上 的行程吗？

Quel est le prix de ce circuit ?
这个行程是多少钱？

Les repas sont-ils compris ?
包括餐点吗？

A quelle heure vous partirez ?
几点出发呢？

A quelle heure vous rentrez ?
几点回来呢？

D'où l'autocar part-il ?
观光巴士从哪里出发？

Où est le point de départ / d'arrivée ?
哪里是起点/终点？

Où vont-elles ?
观光巴士会去/经过哪里呢？

Combien de temps dure l'excursion ?
这个行程会花多少时间？

Pourriez-vous me chercher à Hôtel _____ ?
可以让我在__饭店上车吗？

Pourriez-vous me descendre à Hôtel _____ ?
可以让我在__饭店下车吗？

Où je peux acheter le billet ?
哪里可以买到票？

Est-ce que nous avons un guide qui peut parler chinois ?
我们会有说中文的导游吗？

饮食篇
DINING

像法国人那样悠闲地享受美食

了解当地的法国人都吃些什么、怎么吃,以及到哪里吃,才能吃到最地道的法国美食。

法国人的三餐吃些什么	96
早餐	96
午餐	97
晚餐	97
法国人如何用餐	98
法国人的餐厅礼仪	98
如何看菜单点菜	99
经典法国菜推荐	100
法国人都在哪些地方吃饭	101
法式传统餐厅、异国风情的餐厅、连锁餐厅	101
法国著名连锁餐厅介绍	102
喝饮料与吃点心的地方	103
酒馆、餐馆与咖啡馆	103
面包店与甜点屋、杂货店、超市	104
传统市场	105
边走边吃的美味小吃	105
24小时营业的餐厅	107
应用法语	108

法国人的三餐吃些什么

法国人一天的饮食分为早餐（Petit Déjeuner）、午餐（Déjeuner）、晚餐（Dîner）。吃夜宵（Souper）对法国人而言，是很难得的，因为通常晚餐会吃到21点或22点，这么晚了还要再吃夜宵？夜宵对于擅长保养身材的法国人而言，可是大敌，不轻易碰的！

早餐
Le petit déjeuner

法国人的早餐其实很简单，一杯咖啡或柳橙汁加上几片面包涂上奶油、果酱就打发了，吃得好一点就是配上羊角面包或巧克力夹心面包。酒店的早餐通常要另外付费（在国内通过旅行社代订的酒店，通常包含早餐），并需在前一晚预订。以国内的早餐标准来说，即使是酒店的付费早餐，也不一定丰盛，除非是自助式或是四星级以上酒店的早餐。

在法国的大都市里，人们在周末的早晨会较晚起床，再到特定提供早午餐（Brunch）的餐厅或咖啡厅用餐。这种餐厅的早午餐的内容丰富，包括丰盛的早餐以及点心或沙拉；从上午11点吃到下午是常有的事，而且这样的用餐方式还颇受年轻人的欢迎。

法式作风：建议可到酒店附近的咖啡厅吃早餐，价钱与酒店的早餐差不多，但选择较多，还可享受法国咖啡厅的悠闲气氛。

素食者在法国怎么吃

法国吃素不普遍，但有些餐厅会提供素食餐点（Végétarien）。西式素食通常只要蔬菜都可食，或是只是不吃荤，所以如果吃的是东方素，需特别声明不吃"五辛"。法国传统餐厅大多没有素食餐，意大利或印度餐厅所提供的素食菜品倒不少。法国菜单通常会在每道菜的底下以小字注明内容，也可以点菜时声明不要某些食材，如沙拉不要火腿（Sans jambon）；若到较高级的餐厅吃饭，可请餐厅特别准备素食餐点。法国的面包不含蛋或奶，除非是奶面包（Brioche）才会含牛奶。

常见的东方素食者不吃的食物以法文标注如下：酒精（Alcool）、洋葱（Oignon）、蒜（Ail）、葱（Poireau）、红葱头（Echalote）、小葱（Ciboulette）、蛋（Œufs）、奶类（Laitier）。

东方素食餐厅
金海素食（Green Garden）
🏠 20, Rue Nationale 75013 Paris
☎ 01-45-82-99-54
🕐 12:00～15:00、18:30～22:30（周二休息）
🚇 搭地铁7号线至Porte d'Ivry站。

天香素食餐厅
🏠 14, rue Bichât 75010 Paris
☎ 01-42-00-08-23
🕐 11:30～15:00、18:30～22:30（周二休息）
🚇 搭地铁11号线至Goncourt，3、5、8、9、11号线的République站。

午餐

Le déjeuner

一般法国人的午餐都吃得很简单，不是吃个三明治就是吃盘生菜沙拉填饱肚子，有余裕的时间才会到餐厅吃午餐。餐厅也会特别提供午简餐（Menu de Midi），内容通常是前菜加上主菜或是主菜加上甜点。通常用餐时间是12:30～14:00，这个时段餐厅挤满了人，点菜与等菜的时间也会变得漫长。

法式作风： 在法国天气好时，买个三明治，到公园里坐在草地上野餐，是常见的景象；冬天则可到咖啡厅点份点心或法式浓汤。建议避开吃饭时间上餐馆，尤其是商业区，不然光排队就要等很久。

早午餐（Brunch）哪里找

早午餐，顾名思义就是早餐和午餐的内容结合，并夹杂着咸与甜的滋味，是许多法国年轻人喜爱的用餐方式之一。许多出色的早午餐只在周六与周日才提供。

A Priori thé
- www.apriorithe.com
- 35-37 Galerie Vivienne 75002 Paris
- 01-42-97-48-75-28
- 周六日早午餐 12:00～18:00 / 30欧元
- 搭地铁3号线至Bourse站，或搭1、7号线至Palais Royale站。

Le Café Qui Parle
- www.cafequiparle.com
- 24 rue Caulaincourt 75018 Paris
- 01-46-06-06-88
- 周六日早午餐 10:00～16:00 / 17.5欧元
- 搭地铁12号线至Lamarck Caulaincourt站。

Colorova
- 47, rue de l'Abbé-Grégoire 75006 Paris
- 01-45-44-67-56
- 周六日早午餐 11:00～16:00 / 26～35欧元
- 搭地铁4号线至Saint-Placide站。

晚餐

Le dîner

法国人视晚餐为一天中最丰盛的一餐，当然得慢慢享用。一路从开胃酒、前菜、主菜、乳酪盘、甜点到消化酒，可以吃上3个多小时，甚至到午夜！

法式作风： 晚餐19：30才开始，去早了店家也不理你！如果晚餐时间不到就肚子饿，可到提供全天供餐服务的连锁餐厅或是酒馆、咖啡厅点杯开胃酒喝或用餐。一般的咖啡厅提供点心或三明治，且随时供餐。法国人如果小饿，都会去咖啡厅吃简餐或买个薄脆饼解决。

餐厅预约小提醒

法文的预约为"Réservation"。许多生意好的餐厅都必须先预约才会有位子，尤其是在全球知名的法国深红色《米其林美食指南》(Guide Michelin) 里提及的餐厅，一定要先预约！三星级的餐厅大多会有网站，建议先上网查阅或研究菜色与酒单，并在网上进行预约。

有些知名的餐厅，预约时间有可能需要6个月之久！虽然法国人有时会给人们没有耐心的印象，但是为了品味美食，法国人也是愿意等的。想在旅程中安排浪漫的烛光晚餐，最好到达法国第一天就预约或者是更早，通常较具规模的餐厅都可以用英文预约。

法国人如何用餐

法国人的餐厅礼仪
Bien se tenir à table

Step 1 等候带位

不要进去后自己一屁股坐下，这样会显得很不优雅！进入餐厅时，先在入口处等服务生来带位，告知服务生用餐人数后，再由服务生带领至座位，如果不满意位置，可以要求更换座位。

Step 2 品开胃酒

可以先喝酒，也可以直接请侍者给你菜单。

法国人有喝开胃酒(L'apéritif)的习惯，服务生会先询问。若想点菜，可直接要菜单(Menu／La Carte)。

Step 3 研究菜单

套餐：前菜＋甜点＋主菜
简餐：前菜或甜点＋主菜
今日特餐
饮料一律另外点

想正式一些，就吃套餐；不太饿时，选简餐刚刚好，也较便宜。餐厅通常会有"Menu"（套餐或简餐的意思）供选择。你可以从 Menu 的价格发现：较贵的通常是套餐，包括前菜、主菜与甜点；简餐通常是前菜搭配主菜或者是主菜搭配甜点。若胃口不大，通常简餐或今日特餐(Plat du Jour)就可以吃得很饱且经济实惠。

饮料需另外点。如果点整瓶的红白酒或香槟，服务生会在餐桌前开瓶，并倒一些在杯中请客人试饮以确定酒的品质是客人要的。

Step 4 同桌同步上菜

先打听同桌人都点些什么，以免所有人都看着你吃。

法国人的用餐习惯是同桌同步、有阶段性的，也就是说，如果大家都点前菜、主菜与甜点，服务生会同时上前菜，等同桌的都用完前菜之后再同时将主菜端上桌；同样道理，等大家都吃完主菜，服务生才会接着送甜点上来。

如果其中只有一位点前菜，那服务生只会先送前菜，等他(她)吃完后才会送其他人的主菜上来，这也是为什么法国人点菜时，都会询问一下同伴点些什么的原因，不然只有一个人点前菜，其他的人看着你一个人吃，那可足有些尴尬。

Step 5 埋单

埋单时，小费随意，不勉强

用完餐要埋单时，只要跟服务生说"L'addition, s'il vous plaît !"（音译为"拉迪熊，西府朴累！"），或比一下写字的手势（表示签名刷卡的意思），服务生会自动将账单送上桌。如果选择信用卡付费，只要将信用卡放在账单盘上，服务生会拿刷卡机来帮你刷卡。在法国不像在美国，小费可随意给，并没强制要给多少小费。

Traveling in France

如何看菜单点菜
Comprendre la carte

看法文菜单其实并不难，尤其在大都市如巴黎，为因应游客的需求，很多餐厅都已经将菜单附上英文，甚至中文或西班牙文。只要掌握看菜单的要点，就可以轻松点菜了。

菜单结构分析

菜单上的分类通常分为前菜(Entrées/Hors d'Oeuvre)、主菜(Plat)、甜点(Desserts)和饮料(Boisson)。

前菜包括汤(Soupe)、沙拉(Salade)或蔬菜冷盘(Crudité)，而主菜(Plats)则会分为鱼类(Poissons)、肉类(Viandes)或是烧烤类(Rôtisserie/Grillé)。如果看到"Nos Classiques"或"Nos Spécialités"，表示是这家餐厅的拿手菜。菜单里还有像蔬菜类(Légumes)，属于配菜，还有法国人吃完主菜习惯吃的乳酪盘(Fromages)，这些都依餐厅类型不同而有所变化。

饮料分两大部分：红白酒通常是另外分开在"酒卡"(Carte des vins)里，其余的饮料放另一边如开胃酒(Apéritif)、消化酒(Digestif)或矿泉水或瓶装水(Eaux Minérales)。

吃简餐或套餐比较经济，上菜速度也较快。看看菜单栏上的建议菜式或当日主菜(Plat du Jour)。口味大众化，容易让一般人接受。法国的面包就像国内的米饭，是免费索取的，吃完可以稍微拿起面包篮，跟服务生说"S'il vous plaît！"（音译为"西府朴累！"），服务生就会帮客人添面包了。

经典法国菜推荐

不知点什么好？来试试这些经典法式菜肴！

混合沙拉（Salade Composé）

以绿沙拉与各式生蔬菜为底，上面铺着不同的食材，如乳酪片、鲑鱼片、白鸡肉等，最后撒上核桃或香草。变化多端的沙拉是法国人夏天的最爱，且分量足够。

勃艮第烤蜗牛（Escargots à la Bourguignonne）

蜗牛连壳放在有凹洞的铁盘上，配以奶油、大蒜、罗勒磨碎调制的青酱一起食用，是法国的前菜代表。

香煎鸭胸肉（Magret de Canard）

把整块鸭胸肉煎到外表酥脆、内在七分熟后，再切片蘸酱，搭配蔬菜或者是煎过的水果如苹果或杞果一起食用。

酸白菜肉肠（Choucroute）

阿尔萨斯的名菜，以腌渍过且发酵的白菜丝和丁香调味烹煮，搭配猪胸肉、香肠及水煮马铃薯更具风味。

红酒炖牛肉（Bœuf Bourguigon）

将带筋牛腱和洋葱炒香后，加入蔬菜与红酒细火慢炖而成。以面包蘸酱汁食用。法国传统家乡菜，味道醇厚，很适合冬季享用。

油封鸭肉（Confit de Canard）

被称为美食中的极品的油封鸭，用鸭油以中温慢火的方式焖煮而成。因为油脂让肉质变得外酥内软，是道百年经典的法国传统菜。

图片提供／Fanfan T. M

白豆焖肉（Cassoulet）

白豆或扁豆和肉类或油封鸭腿的组合，以长时间慢火焖煮而成。过程费时且复杂，但口味浓郁且口感特殊，是法国中南部的传统名菜。

普罗旺斯炖菜（Ratatouille）

将番茄、青椒、茄子和洋葱等切块，加上大量的蒜头与普罗旺斯香料炖煮而成。冷热皆可食用，且常被拿来作为搭配肉类的主菜。

如何点餐厅的拿手菜或主厨推荐

在法国的餐厅门外，常常会看见立着的黑板招牌，黑板上写着通常是当日的特餐或"主厨推荐"，以吸引路上的行人。走进餐厅，墙上以手写方式写着的，或服务生直接拿过来的黑板上的，也都是当日的主菜或厨师推荐菜式。这些菜式多半依季节时令而推出，吃到的当然也是最新鲜与地道的佳肴。

法国人都在哪些地方吃饭

饮食篇

法式传统餐厅

一定能吃到好酒、好肉、好乳酪

法国传统菜法文为"Cuisine Traditionnelle"，如果招牌有这些字，那吃到的绝对是正统法国菜。但这些法国传统餐厅也会以法国省份来区分其菜肴的不同，如阿尔萨斯省（Alsace）卖的是酸白菜猪脚（Choucroute），诺曼底或布列塔尼通常是薄饼（Crêpe）等，但即使是省份不同、菜肴不同，传统餐厅一定有好酒、好肉、好乳酪，这点是不会错的。

异国风情的餐厅

异国菜肴也很地道

法国的异国餐厅非常多，尤其是意大利、北非、印度甚至中国餐厅满街都是，当然口味也随着法国人的口味作调整。若想尝尝中国少见的犹太菜或北非菜，来法国千万别错过，尤其是正统的意大利比萨，比中国的地道得多。

连锁餐厅

看图点菜，不会说法语不用怕

连锁餐厅是最讨游客喜欢的，在热闹的区域都找得到它们的踪迹。除了服务时间长之外，菜单通常是图文并茂，看图点菜绝对错不了！除此之外，价格也比一般餐厅优惠。如果担心不会点菜，先上网研究菜单吧！保证让你的旅程在吃的方面加分不少。

法国著名连锁餐厅介绍

Bistro Romain

以意大利式菜肴为主，但也有多国菜肴(如法国及西班牙菜)，价位平实。最有名的是常常推出1欧元的甜点，同时网上提供优惠券(Coupon)，只要打印下来即享优惠！W www.bistroromain.fr

Hippopotamus

只要看到满是红色的餐厅，就是这只大河马的家。主卖法式牛排，菜肴种类丰富选择多，时常更换菜式。点主菜或套餐，配菜可无限供应，如烤马铃薯、青豆、烤芋泥，很适合胃口大的人。提供可爱的儿童餐，很讨小孩喜欢。很适合全家用餐，如提供小蜡笔和画纸，让小朋友在等菜时画画。
W www.hippopotamus.fr

Chez Clément

许多人一开始都是被门口的装饰所吸引，如刀叉、汤匙设计成的门把，铜锅设计成的装饰物、一大堆的新鲜蔬果摆在门口，让人忍不住好奇地想看看这里卖的是什么菜。餐厅以经过改良的传统法式菜肴及海鲜精致菜肴为主。美味的菜肴与温馨气氛最能吸引异乡客。
W www.chezclement.com

Léon de Bruxelles

卖的是比利时食物，却非常受法国人欢迎。想吃淡菜及比利时好吃的薯条，Léon是个不错的选择。各式烹调淡菜的方法及海鲜类的菜肴，配上无限量供应的香脆薯条，让人回味无穷，尤其是炎热的夏天，配上比利时的特产啤酒，解渴消暑，滋味真是美！W www.leon-de-bruxelles.com

Pizza del Arte

吃腻了中国的厚皮比萨，就试试这家地道的意式比萨吧！此家的比萨皮脆料多，还有多样的意式面条供选择，口味与作料都是地道的意大利做法。店内也提供素食比萨，但记得要提醒服务生，不要加大蒜(Ail)和洋葱(Oignon)，这样才符合东方人对素食的要求。W www.delarte.fr

喝饮料与吃点心的地方

酒馆

Bistrot

除了喝酒，也提供加长时段的餐点

顾名思义，只卖酒的地方叫酒馆，那可就错了哦！酒馆在20世纪初确实只卖酒，但一路发展下来已经到了什么都卖的地步(甚至彩票)。如果真喜欢杯中物，可以到酒馆试试各式各样的酒类，点几样配酒菜，像花生米、腌橄榄或 Tapas(西班牙小点，火腿、奶酪等切成一碟碟的小菜)以解馋。有时酒馆也会卖简餐。酒馆的好处是营业时间长。

餐馆与咖啡馆

Brasserie et Café

二合一的经营现在最流行

这两者通常是结合在一起的，单纯的咖啡厅在巴黎已不多见了。一般的咖啡厅几乎都会提供吃的，如简餐及三明治或是沙拉冷盘，有时也提供热汤。如果想要吃丰盛点，进去前先看看座位上是否摆着餐具和酒杯，如果有，表示餐馆或咖啡厅内提供选择较多元的菜肴。

智能手机应用程序

图示	iSO 与 Android 系统皆适用
	米其林指南 (Michelin Restaurants) 世界知名的餐厅指南"圣经"，有了它在法国要吃星级的餐厅就方便多了；即使无星餐厅的，品质也很值得信赖。
	餐厅指南 (Restaurants par L'Internaute) 可定位找出离自己最近的优质餐厅，并可依餐厅类型、地点与消费水平来搜寻。
	城市指南 (Yelp) 最受年轻人欢迎的餐厅、酒吧、咖啡厅都在这里，通过它要找最近流行的潮店也不难，决定前先看看评语才不会踩地雷。

更多 App 应用程序请至旅法实用 App 快速下载页面：
helloparis.free.fr/france/app.html

面包店与甜点屋
Boulangerie et Pâtisserie

一天都不能少的粮食

面包店卖甜点吗？甜点屋卖面包吗？答案是：不一定。倒是现在有越来越多的面包店也兼作甜点屋的生意，但依照法国人"专业"的说法，好吃的甜点是不会出现在面包店里的，也就是说，要找好吃的甜点，一定要去纯做甜点的甜点屋买才保险，这也就是为什么鼎鼎有名的 Ladurée 或 Pierre Hermé 甜点屋里找不到面包的原因了。面包店除了卖法国人一天都不能少的面包和甜点外，也卖自家制的三明治、咸派或是比萨。

好吃甜点＋面包哪里找

法国人对于面包和甜点这两样东西可是非常挑剔的，而可以让法国人排队等上半天，当然也是为了面包好吃、甜点口味地道这件事！法国人对排队一向没耐心，但为了买到好吃的面包，不管天气多冷、队排多久都甘愿，真是让人匪夷所思。若在路上看到有许多人排队买面包，表示这家的面包或甜点肯定好吃！

杂货店
Épicier

营业时间最长，但价格偏高

开店时间最长的"个体户"，有时甚至到晚上12点才会关门，星期日超市不营业，这就是唯一的选择了。方便且几乎什么都卖，当然价格也偏高。

超市
Super-Marché

中午买现做三明治，到公园野餐

许多学生或上班族中午都会往超市跑，因为超市的选择多且提供现成的沙拉、熟食或三明治。如果想要在公园野餐，可买些火腿、乳酪或水果饮料，或是买些面包与乳酪自己做三明治，这些都是既便宜又可欣赏美景的用餐方法。

传统市场
Marché traditionnel

新鲜地道食材都在这

新鲜是最大的优点,早晨刚做的熟食或咸派,甚至烤鸡,在传统市场都得到,还有一些超市找不到的农产品,可以趁机尝尝。购买时,不可自己动手拿,请让商贩拿取并称重,且需要排队。价格都写在产品上面的小黑板上,有时论斤,有时以数量计价。走一趟传统市场,大概就可以知道法国人都吃些什么了。

传统市场哪里找

法国的传统市场大多搭建在社区较热闹的主要街道,或是人行道较宽敞的室外街道上。找传统市场最快的方式是询问下榻酒店的柜台:酒店附近是否有传统市场?是星期几才有?每个地区的传统市场都各有特色,也最能反映出当地的生活风情。传统市场因为只是每周固定几天才有,所以市集都是在前一天以铁架搭建遮棚,隔天结束后,再将铁架与帐棚拆下并清洁街道,恢复原状。

巴黎传统市场

Marché Raspail 市场
- 从 Boulevard Raspail 至 rues de Rennes
- 周二、周五 07:00～14:30
- 搭地铁 12 号线至 Rennes 站。

Marché d'Aligre 市场
- 整条 Rue d'Aligre 周二至周日 07:00～14:00
- 搭地铁 8 号线至 Ledru-Rollin 站。

Marché Auguste-Blanqui 市场
- 从 Place d'Italie 至 rue Blanqui
- 周二、周五、周日 07:00～14:30
- 搭地铁 5、6、7号线至 Place d'Italie 站或 6 号线至 Corvisart 站。

边走边吃的美味小吃

旅行需要走走逛逛,体力自然耗费不少,容易感到饥肠辘辘,法国虽然没有7-11便利店可随时买个零食吃着,但也有属于法国自己的街头小吃哦!尤其是冬天,多吃点也不怕胖,反正寒冷的天气里,热量更容易消耗!

布列塔尼薄饼(Crêpe)/3.5～5欧元

薄饼算是法国街头小吃的老祖宗吧!国内虽然称薄饼为可丽饼,但滋味可大不相同!正宗的法国薄饼是软的,面皮由牛奶、面粉和鸡蛋调制而成。口味分甜、咸两种:咸的通常有火腿、鲔鱼、乳酪或加蛋;甜的则有柠檬、巧克力、果酱或香蕉。建议尝尝一种包着核桃巧克力(Nutella)的口味,浓浓的巧克力香,是会让小朋友看了流口水的。

意式烧烤三明治(Panini)/3～4.5欧元

在意大利白面包里夹入各种口味的东西,如火腿、鲔鱼、乳酪或油渍蔬菜等,抹上橄榄油,再放入一种两面有铁夹板的机器上,夹烤成酥脆的三明治,就成了好吃的意式烧烤三明治(Panini)。如果不喜欢吃冷冷的三明治(尤其是冬天),这样热腾腾的三明治很合国人胃口。

法式三明治(Sandwich)/3.5～6欧元

比起美式吐司三明治,法式的可要美味多了!香香脆脆的棍子面包,中间夹火腿、生菜、乳酪或鲔鱼,抹上芥末酱或美乃滋,难怪法国人百吃不厌。蛋奶素的朋友可选择只有乳酪和番茄生菜的,也一样清爽可口。

比利时方块松饼(Gaufre)/3～5欧元

原本是比利时不起眼的家常甜点,到法国后却大受欢迎。以大量的牛奶和奶油、糖拌成,倒入烤模里烤成四方形的饼,再撒上糖粉或巧克力酱甚至整坨的鲜奶油一起吃。虽然热量很吓人,但烤时散发出来的香味还是会让人忍不住想买一块来吃。

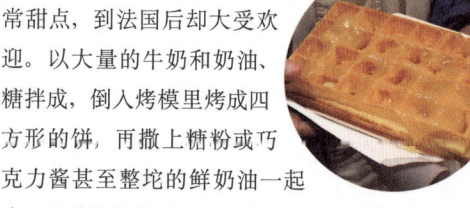

热乳酪吐司三明治(Croque Monsieu)/4～6欧元

两块吐司中间夹番茄片及火腿,上面再撒满乳酪进烤箱烤,就成了这种名叫"公鸡先生"的三明治。有时上面会打个蛋,则叫"母鸡太太"(Croque Madame)。

法式咸派(Quiche)/3～5欧元

底部是派皮,加入蛋、鲜奶油、牛奶及乳酪与火腿片或蔬菜,再倒入模内烤熟。吃起来奶香十足,很适合冷冷的冬天补充热量用。有时以切块来卖。

希腊三明治(Sandwich Grecque / Kebab)/4～7欧元

圆饼内包入生菜和从一大串肉上切下来的烤肉条,再加上炸得金黄的薯条包在一起吃,也可选择夹着希腊香肠口味的,是一种很实惠又吃得很饱的三明治。

中东袋饼(Falafel)/4.5～6欧元

在拉丁区或玛黑区都可以看到这种可口的中东袋饼。一块圆饼略烤之后,从侧边割开,打开成袋状后抹上特殊酱料,填入炸过的蔬菜球及生菜、炸茄子和许多种腌制的青菜即成。边走边吃特别有满足感。

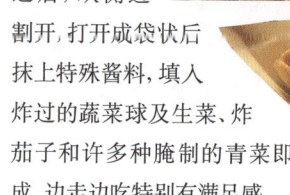

速食店(Restauration Rapide)/4～5欧元

法国人一向排斥美国文化,这点可从美式速食店在法国的数量看出来——只有年轻人肯买账!不信的话,踏入巴黎的速食店里,放眼看去只有年轻人,还有游客。速食店能让不熟悉环境的游客放心,价目清楚,口味不变,还有熟悉的麦当劳叔叔和肯德基爷爷陪着,只是价位会让人吃得有些心疼。除了麦当劳与肯德基外,法国的速食店品牌欧贵客(Quick)也是另一选择。强调口味多元化的欧贵客,的确在汉堡的变化上绞尽脑汁,食物自然也融入法国的口味啰!

24 小时营业的餐厅

晚上10点后，肚子咕噜叫，就来这里吧

在法国，晚上10点以后要找吃的，只能用"惨"字形容。没有路边摊，没有24小时超市，如果住的酒店偏僻些，那可能连一只猫都看不到！好些地铁到午夜才歇业，而巴黎也有几个地方24小时全天候供餐，万一找不到东西吃，搭个几站地铁去填饱受饿的胃，相信也值得吧？

Au Pied de Cochon

在中央市场附近，地铁出口要找"rue Coquillière"才不会迷路，因为此站有好几个出口。

- 6, rue Coquilliere 75001
- 01-40-13-77-00
- 搭地铁4号线或RER A、B、D线至Châtelet-Les Halles站。

La Maison d'Alsace

就在香榭丽舍大街上，非常好找。专卖阿尔萨斯区的传统菜：酸白菜肉肠(Choucroute)，也有好喝的啤酒和暖身的热红酒。

- 39, av. des Champs-Élysées 75008
- 01-53-93-97-00
- 搭地铁1、9号线至Franklin-D-Roosevelt站。

Le Grand Café Capucines

离巴黎歌剧院走路不用1分钟，而且附近也有许多营业到很晚的酒吧和餐厅。菜式简单但算丰富，每日提供简餐和套餐。

- 4, bd des Capucines 75009
- 01-43-12-19-00
- 搭地铁3、7、8线至Opéra站。

有口碑的餐厅哪里找

只要在餐厅门口看到这么多花花绿绿的贴纸，表示很多媒体都推荐过，千万不要错过！

省钱小贴士

自来水可生饮

法国的自来水是可饮水，但如果上餐馆服务生大都会送上瓶装水，一瓶2～5欧元，依品牌不同。如果不介意喝自来水，可跟服务生要"一壶水"(Une Carafe d'eau)。法国人通常都是点这种免费水喝，可省下一小笔昂贵的瓶装水钱哦！

饮料不单点

即使是三明治店也都会推出配套(Formule)选择，饮料加三明治或是三明治加甜点，价钱都比单点划算许多。

超市买完材料，直接去公园野餐

夏日白天长，不妨考虑野餐。随身带着简单的餐具如刀、叉、杯子，临近用餐时间再去超市买些沙拉、火腿、乳酪、面包及饮料，就可以在公园里吃自制的新鲜三明治，可以说是一种最经济实惠的方法。

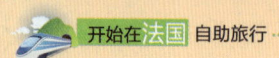 

应用法语

应用单词

【 fruits de mer 海鲜类 】
crevette 虾
homard 螯虾
langouste 龙虾
coquille saint-jacques 干贝
huître 牡蛎
sole 鳎鱼
thon 金枪鱼
moule 淡菜
bar 狼鲈

saignante 三分（熟）
à point 七分（熟）
bien cuit 全熟
sur place 内用
à emporter 外带
non fumeurs 非吸烟区

【 viande 肉类 】
volaille 家禽肉
agneau 羊排
canard 鸭肉
bœuf 牛肉
veau 小牛肉
porc / Cochon 猪肉
poulet 鸡肉
escargot 蜗牛
foie gras 鹅肝酱
jambon 火腿
œuf 蛋
anchois 鳀鱼
sardine 沙丁鱼
saucisson 熏香肠
saumon fumé 熏鲑鱼

【 légumes 蔬菜类 】
asperge 芦笋
aubergine 茄子
concombre 黄瓜
champignon 香菇
chou 卷心菜
carotte 胡萝卜
haricot vert 四季豆
épinard 菠菜
céleri 芹菜
laitue 生菜
herbe 香草
oignon 洋葱
ail 大蒜

【 fruits 水果 】
abricot 杏
amande 杏仁
ananas 凤梨
citron 柠檬
citron vert 绿柠檬
cerise 樱桃
noix 核桃
fraises 草莓

【 boissons 饮料 】
boissons chaudes 热饮
boissons froides 冷饮
boissons alcoolisées 酒精饮料
boissons sans alcool 无酒精饮料
café express 浓缩咖啡
café alléger 美式咖啡
café crème / café au lait 咖啡牛奶

实用会话

Le plat est froid.
菜是冷的。

Le plat n'est pas cuit.
这盘菜(肉)没煮熟。

Le plat n'est pas frais.
这盘菜不新鲜。

Pouvez-vous apporter du poivre et du sel.
请给我胡椒和盐。

Donnez moi un verre d'eau.
请给我一个水杯。

Je suis végétarien, je ne mange ni viande ni poisson.
我是素食者，不吃肉类和鱼类。

Qu'est-ce que c'est ?
这是什么?

Du pain s'il vous plaît.
请再给我们一些面包。

Ce plat est chaud ou froid ?
这道菜是冷的还是热的?

Pouvons-nous emporter les restes ?
可以将剩下的打包吗?

Je voudrais ce plat.
请给我这个。(比着菜单)

Je voudrais la même chose que ces personnes-là.
我想要点和那些人一样的。

Le plat du jour c'est ?
请问，今日特餐是什么?

Nous voulons boire quelque chose.
我们想要喝些饮料。

Ce n'est pas ce que j'ai commandé.
我点的不是这个。

Il manque un plat.
少了一道菜。

Ceci nous ne l'avons pas eu.
我们没有点这个。

Mon plat n'est pas encore venu.
我点的菜还没来。

Quel est le plat spécial d'ici ?
什么是这里的拿手菜?

L'addition s'il vous plaît.
请结账。

Tout ensemble.
一起算。

Chacun paye pour soi.
分开各自付账。

Pouvons-nous revoir la carte ?
我们想要再看一下菜单(确认价钱)。

Quelle est cette somme ?
这项的金额是什么?

L'addition n'est pas exacte.
这账单总金额不对。

玩乐篇
SIGHTSEEING

法国哪里最好玩

不只是时尚艺术之都，法国还有许多一定要去的旅游景点。

法国主题之旅	110
卢瓦尔河城堡之旅、蔚蓝海岸	110
南法普罗旺斯地区、法国西北海岸与港口之旅	111
法国十大必游景点	112
巴黎、圣米歇尔岛	112
凡尔赛宫、斯特拉斯堡、尼斯	113
卢瓦尔河谷的古堡区、阿维尼翁、沙莫尼、马赛、戛纳	114
巴黎推荐景点	115
巴黎近郊必玩景点	120
枫丹白露城堡、吉维尼、欧韦小镇	120
圣日耳曼昂莱	121
参加当地旅行团	121
巴黎夜生活	122
应用法语	124

法国主题之旅

卢瓦尔河城堡之旅
Châteaux de la Loire

欧洲的古堡以法国的卢瓦尔河的城堡群最具代表性。卢瓦尔河是法国最长的河流，古堡大多散布在河谷两边的葡萄园与丘陵间，著名的有尚博尔堡(Château de Chambord)、舍农索堡(Château de Chenonceau)、昂布瓦斯堡(Château d'Amboise)、布卢瓦堡(Château Royal de Blois)等城堡与小镇，悠游其间仿佛回到中世纪。参观这些城堡建筑、内部陈设装饰，了解城堡的历史背景，是深入法国文化精髓的最佳方式。

➡ 虽城堡彼此的距离都不远，但没有公共运输相衔接，建议自行租车前往，或参加当地以城堡为主题的旅行团。

蔚蓝海岸
Riviera Côte d'Azur

位于法国最南部的地中海沿岸，是法国最奢华、富有的地区之一。因四季如春，让海岸线的城市如尼斯(Nice)、戛纳(Cannes)、昂蒂布(Antibes)吸引了全世界的富人与名人来此度假、定居。这里不仅有新颖、豪华的建筑城市，还有古老的罗马时期居住区遗址。许多法国后期印象派的画家在此创作定居，马蒂斯(Matisse)、夏加尔(Marc Chagall)的博物馆皆设在尼斯。蔚蓝海岸线附近的山城小镇也都值得一看，如香水之城格拉斯(Grasse)、艾维(Eve)、圣保罗(St-Paul)。

➡ 从巴黎到蔚蓝海岸的城市皆有高速铁路（TGV）行经；如想去附近的小镇，可从尼斯搭巴士前往。

玩乐篇

南法普罗旺斯地区
Provence

法国南部的普罗旺斯地区，已成为巴黎之外最受欢迎的旅游胜地。这里极富变化的地形使之拥有得天独厚的丰富景观，地势跌宕起伏形成许多充满特色与风情的山城小镇。吕贝龙(Luberon)山区的小山城漫步、阿维尼翁(Avignon)的艺术季，皆不可错过。而此地特有的悠闲生活节奏、一望无际的薰衣草与向日葵花田、古罗马遗迹与美丽的小山村、丰富的生态与美酒美食，让人流连往返。

▶ 此路线的景点多以山城为主，租车前往是最方便且能深入南法的方式。

法国西北海岸与港口之旅

法国北滨英吉利海峡的沿岸诺曼底(Normandie)地区，虽然不是外国人的观光胜地，却可体验地道的法国海滨、都市和乡村的乐趣。从巴黎出发的路线，主要景点有：沙特尔(Chartres)圣母大教堂、鲁昂(Rouen)古城、埃特勒塔(Etretat)象鼻海岸、翁弗勒尔(Honfleur)渔港、世界遗产的圣米歇尔山(Mont-Saint-Michel)，再到圣马洛(Saint-Malo)古城。诺曼底有的是新鲜的海产与当地名产苹果酒与薄饼奶油等美食。丰富多彩的文化和美食，让诺曼底的海滨风情更值得一游。

▶ 西北海岸的铁路线颇发达，但圣米歇尔山仍须搭巴士前往，或是参加当地旅游行程。

法国十大必游景点

1 巴黎 (Paris)
世界知名花都

巴黎是法国的首都,也是法国以及欧陆最大的都会城市。已有2000多年历史的巴黎,除了是时尚、艺术、知识、文明的代名词之外,终年文艺活动不断,美食更是吸引了无数美食家前来品尝。在巴黎,四处都有绿地、公园,可漫步其中,尤其穿越巴黎的塞纳河畔更是不容错过。"花都"之名对巴黎而言,实是当之无愧。

2 圣米歇尔岛 (Mont Saint Michel)
世界七大奇景之一

世界七大奇景之一的圣米歇尔岛,每当涨潮即成为海上的孤岛,而退潮即与陆地连成一片,夕阳西下时景观尤其壮观。岛上最著名的圣米歇尔修道院,保留了11世纪罗马式中殿和15世纪的哥特式唱诗班席,还有围绕在修道院四周的哥特式修道院围墙。圣米歇尔岛除了每年吸引无数的游客外,也是宗教人士必去的朝圣之地。

➡ 蒙帕那斯车站搭快速铁路(TGV)至雷恩(Renne)后,换乘快车至蓬托尔松(Pontorson)站,之后再转搭巴士前往;也建议参加当地的巴士旅行团前往。

凡尔赛宫（Chateau de Versailles）
经典法国宫殿

由此爆发法国大革命的凡尔赛宫，也是终结路易十六、玛丽皇后生命及法国封建制度之地。但今日吸引人的，是富丽堂皇的宫殿与法式庭园，还有历史留下的轨迹。

➡ 搭 RER C5 线在 Versailles-Rive Gauche Château 站下车，再依标示徒步前往，约 50 分钟车程。

 斯特拉斯堡（Strasbourg）
充满德国味的法国区

位于法国阿尔萨斯地区、与德国相邻，因曾多次被德国占领，到处充满德国色彩。最著名的是 12 月的圣诞集市，整个城被各种圣诞灯饰装饰得五彩缤纷，热闹的集市更增添了过节的温馨气氛。

➡ 搭法国国铁（SNCF），从巴黎北站(Gare du Nord)出发，约 2 个半小时车程。

尼斯（Nice）
欧洲贵族最爱的度假地

位于法国南部地中海的尼斯，是最受法国及世界各地旅游者欢迎的城市。晴朗的天气、弓形的蓝色海岸与椰树，在第二次世界大战前就已成为欧洲贵族最喜爱的度假地点。

➡ 搭乘法国国铁(SNCF)，从里昂车站(Gare de Lyon)或奥斯特利茨车站(Gare d'Austerlitz)出发，约 5 个半小时车程。

6 卢瓦尔河谷的古堡区
（Châteaux de la Loire）古堡集中区

横贯法国中央区的卢瓦尔河，是全法国最著名的城堡集中地。有名的舍农索(Chenonceau)堡、尚博尔(Chambord)堡及沙特尔(Chartres)大教堂都在这一地区。

➤ 需自行开车前往，建议参加当地的巴士旅行团，可一次参观好几个城堡。

7 阿维尼翁（Avignon）
艺术盛会之城

每年入夏之后阿维尼翁便进入旅游旺季。整个月音乐、戏剧等活动不断的阿维尼翁艺术季，是爱好者不可缺席的盛会。想要见识中世纪的法国建筑典雅风貌，就不容错过市中心靠近河边的、14世纪时兴建的教皇宫殿。这里离普罗旺斯山区只要约1小时的车程，是前往普罗旺斯山区前的必经之地。

➤ 搭乘法国快速铁路（TGV），从里昂车站(Gare de Lyon)出发，车程约2小时40分钟。

8 沙莫尼（Chamonix）
阿尔卑斯山与冰河绝景

位于勃朗峰山谷里的一个小镇，毗邻意大利，以雄伟壮观的阿尔卑斯山群峰及冰河绝景闻名。清新的空气加上冬季滑雪、夏季的登山健行与避暑，深受人们的喜爱，是欧洲人最喜爱的阿尔卑斯山度假胜地。

➤ 搭乘法国国铁路（SNCF），从奥斯特利次车站(Gare d'Austerlitz)出发。

9 马赛（Marseille）
国际感十足的古城

作为法国第一大港口的马赛，充满各国文化混合的风情，有2600年历史。山峦起伏，街道与房屋依山而建，形成一幅迷人如画的景致，是文化活动频繁且富有国际都会特质的古城。

➤ 搭乘法国快速铁路（TGV）或iDTGV，从里昂车站(Gare de Lyon)出发。

10 戛纳（Cannes）
影展以外的迷人气候

多姿多彩的戛纳闻名的不只是戛纳影展，这里阳光灿烂、气候温和，碧海蓝天映衬着海岸与山林。除此之外，也是许多艺术名人选择定居的地方。

➤ 搭乘法国国铁（SNCF），从里昂车站(Gare de Lyon)出发，车程约4个半小时。

巴黎推荐景点

1 香榭丽舍大街（Avenue des Champs-Élysées）
全球最美的大街

终日车水马龙的香榭丽舍大街堪称全球最美丽的大街。大街上满是服饰精品店，路易斯·威登的总店就在这条大街上。对法国人而言，这条大街极有象征意义，不论是法国国庆的阅兵大典、新年的倒数计时，还是每年举办的法国自行车大赛，都在这里开始，是群众聚集的必去之地。

🏛 Avenue des Champs-Élysées
🚇 搭乘地铁1号线，在George V 或 Franklin De Roosevelt 站下车。

1 香榭丽舍大街
Avenue des Champs Élyseés

2 凯旋门
Arc de Triomphe

3 协和广场
Place de la Concorde

4 罗浮宫博物馆
Musée du Louvre

5 埃菲尔铁塔
Tour Eiffel

6 布朗利码头博物馆
Musée du quai Branly

7 荣军院
Hôtel National des Invalides

8 巴黎歌剧院
Opéra National de Paris Garnier

9 巴黎圣母院
Notre Dame de Paris Cathédrale

10 圣路易岛
Île Saint Louis

11 蓬皮杜艺术中心
Centre Pompidou

12 卢森堡宫及花园
Jardin & Palais du Luxembourg

13 巴士底歌剧院
Opéra National de Paris Bastille

14 万神殿
Panthéon

15 圣心大教堂
Sacre Cœur de Montmartre

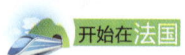

2 凯旋门（Arc de Triomphe）
历史的黄金直线

位于香榭丽舍大街开端的凯旋门，是拿破仑巅峰时期的象征。登上凯旋门，可观赏以凯旋门为中心、星形放射状之巴黎12条街道的美妙景观。远眺，后有新凯旋门，前有协和广场与罗浮宫，法国人称这一直线为"历史的黄金直线"。

- www.monum.fr
- Place Charles de Gaulle 75008 Paris
- 搭乘地铁 1、2、6 号线或 RER A 线至 Charles de Gaulle Étoile 站。

3 协和广场（Place de la Concorde）
旧时断头台刑场

与香榭丽舍大街的尾端相衔，原为"路易十五广场"。曾是路易十六、玛丽皇后等千余人的断头处，后重建并命名为"协和广场"。广场中央的埃及尖碑是埃及总督赠送给法国查理十世的礼物，此尖碑已有3000多年的历史。协和广场和罗浮宫之间便是杜乐丽花园，园内有许多精彩的雕塑作品。

- Place de la Concorde 75008 Paris
- 搭乘地铁 1、8、12 号线在 Concorde 站下车。

4 罗浮宫博物馆（Musée du Louvre）
世界级必逛博物馆

罗浮宫的收藏品闻名遐迩，除了希腊、东方、埃及、伊特鲁里亚及罗马古遗物、雕塑、画、艺术品及平面艺术七大部分外，还包含欧洲以外的四大洲的艺术展览室。"玻璃金字塔"由华裔建筑师贝聿铭设计，也是罗浮宫相当有名的艺术之作。

- www.louvre.fr
- Cour Napoléon 75001 Paris
- 搭乘地铁 1、7 号线在 Palais Royal Musée du Louvre 站下车。

5 埃菲尔铁塔（Tour Eiffel）
法国的象征地标

于1889年为举办万国博览会而建，是巴黎最引人注目的景点之一。由建筑师埃菲尔(Gustave Eiffel)设计。高324米、重1.01万吨的铁塔，是游客必参观的景点，也是巴黎最具象征意义的标记。

- www.toureiffel.fr
- Champ de Mars 75007 Paris
- 搭乘地铁 6 号线至 Bir Hakeim 站，或搭 RER C 线至 Champ de Mars 站下车。

Traveling in France

玩乐篇

6 布朗利码头博物馆
（Musée du quai Branly）
世界最大的植物墙在这里

法国建筑师让·努维尔(Jean Nouvel)将建筑物设计成和塞纳河相同曲线的形体，将4座功能造型不同的建筑物串联起来。典藏以大洋洲、非洲、亚洲、美洲以及人类博物馆的民族学相关文物收藏品为主。馆外墙为世界最大的植物墙。

W www.quaibranly.fr
🏛 27, 37, 51 Quai Branly 75007 Paris
🕐 01-56-61-70-00
🕙 10:00～18:30(周四至21:30)，周一、元旦、劳动节、圣诞节休馆
➡ 地铁9号线至Iéna站或Alma-Marceau站，步行约10分钟；或搭RER C线在Champ de Mars站下车。

7 荣军院
（Hôtel National des Invalides）
拿破仑的安息地

由路易十四于1671～1706年下令兴建，以收容伤兵之用。现今已改为国防部大楼及医院、疗养院并用。占地范围内还包括拿破仑一世陵墓的圆顶教堂(Église du Dôme)、圣路易圆顶教堂(Église St. Louis des Invalides)及两家博物馆。

W www.invalides.org
🏛 Esplanade des Invalides 75007 Paris
➡ 搭乘地铁8号线在La tour Maubourg站下车，或搭RER C线在Invalides站下车。

8 巴黎歌剧院
（Opéra National de Paris Garnier）
世纪建筑巨作

又称巴黎加尼叶歌剧院，主要上演舞蹈及音乐作品。它是19世纪剧院建筑的巨作，由加尼叶(Charles Garnier)设计、夏加尔(Marc Chagall)设计观众席的天花板图案，并于1875年启用。

W www.operadeparis.fr
🏛 Place de l'Opera 75009 Paris
➡ 搭乘地铁3、7、8号线至Opéra站，或搭RER A线至Auber站。

9 巴黎圣母院（Notre Dame de Paris）
国王加冕圣地

法国最雄伟的哥特式建筑教堂，在法国人心中有着崇高的地位，历年来有许多位国王在此加冕，包括拿破仑在内。因雨果的《巴黎圣母院》而享誉全世界。

🏛 6, place du Parvis de Notre Dame 75004 Paris
➡ 搭快速铁路（RER）C、B线至Saint Michel Notre Dame站下车，或地铁4号线在Cité站下车。

10 圣路易岛（L'île Saint Louis）
与世隔绝的古朴小岛

岛上有许多建于1627～1664年的华丽楼宇，至今仍保留得很好。圣路易岛街有许多古雅的商店或卖个性商品的小铺，很受游客的欢迎。

➡ 搭乘地铁7号线在Pont Marie站下车，出站后过塞纳河。

11 蓬皮杜艺术中心（Centre Pompidou）
现代艺术者的朝圣地

它是喜爱现代艺术及前卫艺术者的朝圣地，馆内以装置、浮雕及立体艺术品为主。馆内的图书馆藏书丰富，而楼顶的咖啡馆也成为欣赏巴黎景色的热门地点之一。

🌐 www.cnac-gp.fr
🏛 Champ de Mars 75007 Paris
➡ 搭乘地铁4号线在Rumbuteau站或Les Halles站下车，或搭乘快速铁路（RER）A、B、D线在Châtelet Les Halles站下车。

12 卢森堡宫及花园（Jardin & Palais du Luxembourg）
奔腾欲飞的雕像花园

占地广阔的法式花园，有各种活动场所，如网球场、铁球游戏及受小孩喜爱的骑马活动等。除此之外，栩栩如生的雕像也是此花园的重要景观之一。园内的皇宫现在已成为法国参议院的所在地。

🏛 Rue de Vaugirard 75006 Paris
➡ 搭乘快速铁路（RER）B线在Luxembourg站下车。

Traveling in France

13 巴士底歌剧院
（Opéra Bastille） 常年有文艺表演

位于巴士底广场的歌剧院，是为庆祝攻陷巴士底监狱200周年而建的，由卡洛斯·欧特(Carlos Ott)设计，建筑造型现代化，常年提供大型的歌剧、戏剧表演。

🌐 www.operadeparis.fr
🏛 Place de la Bastille 75012 Paris
➡ 搭乘地铁1、5、8号线在Bastille站下车。

14 万神殿 （Panthéon）
大师的安眠地

前身是教堂的先贤祠，法国大革命之后改建成圣陵，许多法国伟大的人物都移灵于此，如雨果(Hugo)、伏尔泰(Voltaire)、卢梭(Rousseau)、左拉(Zola)等重要名人。中殿及地下室很值得一游。

🏛 Place du Panthéon 75005 Paris
➡ 搭乘地铁10号线在Cardinal Lemoine站下车，或搭乘RER B线在Luxembourg站下车。

15 圣心大教堂
（Sacré Coeur de Montmartre）
巴黎最佳眺望塔

位于巴黎地区最高的山丘上，是远眺巴黎全景的最佳场所。1870年普法战争战败后，为鼓舞人心而兴建，模仿罗马式及拜占庭式建筑风格，内部圆顶以金碧辉煌的马赛克装饰而成。

🏛 Parvis du Sacré Coeur 75018 Paris
➡ 搭乘地铁2号线在Anvers站下车，往上坡走。

> **圣心大教堂周边购物小提醒**
>
> 出地铁后往圣心大教堂方向前行的上坡路两旁的街巷，是巴黎有名的步行街。上坡小路上有很多纪念品店，被公认是巴黎纪念品价格最实惠的地方。购物前，最好货比三家。
>
> 此区是巴黎外来移民最多的地方，治安较不佳，须注意自身和财物安全。走在路上，常有人兜售走私物品与香烟，只要微笑着说"不"即可！

巴黎近郊必玩景点

枫丹白露城堡
Château de Fontainebleau

先是路易六世在此建立一座简单的狩猎馆，路易七世时增盖一间教堂，直到路易九世才扩建成城堡与修道院，之后成了历届君王的狩猎之点。经过各君王多次整修、扩建，直到法国最后一任国王路易·菲力普进行大整修后，才有如今完整的面貌。除了有极具历史价值的城堡之外，还有占地广阔的传统法式花园，是一座结合法意两国艺术风格的城堡。如果时间允许也不要错过附近的森林。

- W www.musee-chateau-fontainebleau.fr
- 🏛 Château de Fontainebleau 77300 Fontainebleau
- ☎ 01-60-71-50-70
- € 全票11欧元、优惠票9欧元、语音导览2欧元，小宫殿全票6.5欧元、优惠票5欧元。
- ⏲ 09:30～17:00(花园5～9月至19:00) 09:00～17:00(4～9月至18:00)，周二休馆
- ➤ 从里昂火车站(Gare de Lyon)搭乘往枫丹白露的火车，至Fontainebleau Avon车站即可。搭乘1号线公交车，往Les Lilas 方向(车票车上买)，即可到达Château de Fontainebleau(枫丹白露宫)。火车票7.5欧元，公交车1.4欧元。

吉维尼
Giverny

位于巴黎西边的典型小农村，以印象派之父莫奈晚年的故居而闻名。莫奈在42岁时选择在此定居，并在这座花园里创作出举世闻名的荷花和绚丽的园林绘画系列。莫奈曾说："我最为完美的杰作，就是我的花园。"花园处处可见莫奈画中的风景，犹如走入莫奈的画中。纪念馆内收藏影响莫奈至深的一系列日本浮

世绘典藏与小品，还有他生前使用的画具与工作室的展示。

- W giverny.org/gardens/fcm/visitfr.htm
- 🏛 36 Rue Carnot [韦尔农(Vernon) 车站步行约5公里]
- ☎ 02-32-51-39-60
- € 全票9.5欧元、12岁以下5欧元、7岁以下免费，可上网提前购票。
- ⏲ 09:30 ~ 18:00(4月至10月底)
- ➤ 从圣拉扎尔车站(Gare St-Lazare)搭乘往鲁昂的火车约45分钟至韦尔农(Vernon) 车站下车，再搭乘151号公交车至吉维尼(Giverny)，或步行前往。

欧韦小镇
Auvers-sur-Oise

位于巴黎西北边的欧韦(Auvers) 小镇，是印象派画家凡·高(Van Gogh)生前居住的地方，也是以自杀的方式结束生命的地方。小镇上有许多和凡·高有关的事物：凡·高美术馆、故居的房间、和亲弟弟西奥(Theo)的墓园、作画的实际场所。虽然凡·高在此居住时间不长，但这一时期却是他创作力最旺盛的时期，凡·高最有名的几幅画作都是在奥维小镇时期创作出来的。镇上的旅游局精心为游客安排的"实画实景、一画一景"的参观动线，可以让游客体验凡·高眼中的法兰西乡野风情。

- ➤ 从北站(Gare du Nord) 搭乘往蓬图瓦兹(Pontoise)的火车，抵达后转搭往欧韦的火车。或是搭乘往博韦(Gare du Beauvais)方向的火车，到蓬图瓦兹后再换乘至欧韦的火车。

圣日耳曼昂莱
Saint-Germain-en-Laye

位于巴黎西南边，是巴黎近郊交通最方便且最富乡间情调的小镇，有"巴黎人的后花园"之称。因是贵族聚集之地，小镇拥有悠久的历史与建筑古迹。庞大雄伟的圣日耳曼城 (Château de Saint-Germain)，是宫廷迁往凡尔赛宫之前历代国王的居城，今已成为收藏丰富的考古学博物馆。镇上的游客中心在周末都有专业导游带领参观，讲解小镇的艺术和历史 (可选英文场次)。音乐家德彪西 (Achille-Claude Debussy) 建于17世纪的故居 (La Maison de Debussy) 也在此，1 楼为游客中心，楼上为德彪西纪念馆。

- W www.saintgermainenlaye.fr
- 38, Rue au Pain. Saint-Germain-en-Laye(德彪西纪念馆)
- 01-34-51-05-12
- 周二至周日 14:00 ～ 18:00
- 搭乘快速铁路（RER）A1 线至终点站圣日耳曼昂莱（Saint-Germain-en-Laye）站，即可看到城堡。

参加当地旅行团

巴黎近郊有许多迷人的景点及小镇，自行前往并不是很方便，不妨参加巴黎近郊的短期旅游团，还有专人解说。提供几家信誉良好的旅行社，可先上网查询行程。

担心语言不通的话，可考虑参加华人在巴黎开设的旅行社行程。可以直接用中文接洽，在出发前先浏览网站查询行程，等飞抵法国后再电话确认。此类旅行团好处是无语言障碍，甚至有中文解说。但最好先仔细阅读或询问旅游条件，如小费的费用及出发地点、时间等。

法国当地旅行社

Cityrama
可在线查询行程，或直接到刚好是巴士出发点的巴黎办事处，提供中文行程目录。
- W www.cityrama.fr
- 4, place des Pyramides 75001 Paris
- 01-44-55-61-00
- 搭乘地铁 1 或 7 号线，在 Palais Royal 站下车。

ParisVision
提供较远程的行程，可网上预约，提供中文行程目录。
- W www.parisvision.com
- 214, rue de Rivoli 75001 Paris
- 01-42-60-30-01
- 搭乘地铁 1 号线在 Tuileries 站下车。

France Tourisme
提供比较远的行程，甚至是到其他城市的多日旅游行程。
- W www.francetourisme.fr
- 33, quai des Grands Augustins 75006 Paris
- 01-45-02-88-50
- 搭乘地铁 1 号线或 RER C 线在 Saint Michel 站下车。

可用中文询问的旅行社

在出发前，先上网查询旅游行程，跟导游讲中文也可沟通。

法国文华旅行社
- W www.mandarinvoyages.com
- 77, Avenue des Champs Elysées Paris(香榭丽舍大街 77 号 3 楼)
- 01-44-21-81-01、01-44-21-81-05
- 搭乘地铁 1 号线至 George V 或 Franklin D. Roosevelt 站下车。

安赛尔旅行社
- W www.anseltravel.com
- 34, Avenue des Champs Elysées Paris(香榭丽舍大街 34 号商场回廊的右侧)
- 01-45-62-35-50、01-45-62-35-40、01-45-62-31-89
- 搭乘地铁1号线至在 George V 或 Franklin D. Roosevelt 站下车。

欧团网
以团购的方式在网上报名，很受亚洲年轻人的喜爱。行程包罗万象，也包括一些特别的旅游活动，如搭热气球或乘坐欧洲各国的游轮。
- W www.ouituan.com
- 12 Boulevard de Port-Royal 75005 Paris
- 01-43-31-83-17
- tuan@xineurope.com
- 搭乘地铁 7 号线至 Les Gobelins 站，2 号出口。

巴黎夜生活

巴黎的秀场表演也是非常出名的，既然来到花都，就不要错过享有盛名的歌舞秀。纸醉金迷的表演与华丽的舞台、服装设计，是亲身体验法式热情的最佳途径。

来法国必看的秀场主要有巴黎丽都秀、疯马秀、红磨坊。

巴黎丽都秀（Lido de Paris）

因为就在香榭丽舍大街上，地点方便寻找，且逛完街直接来这里看表演是再方便不过的了！表演形式与疯马秀大致相同，但这里的服装比其他的秀场变化更多。如要看秀，最好先网上预约，不然得排好长的队呢！

疯马秀（Crazy Horse）

曾经至亚洲的新加坡演出，在拉斯韦加斯也有固定秀场，但还是以巴黎当地的演出最原汁原味。

除了精湛的肢体与歌舞表演外，也以舞台绚烂的声光效果著称。看表演的座位分演奏区和吧台区，演奏区含香槟125欧元起；另外一种消费方式是，在表演前用晚餐加表演，则是145欧元起，可网上预约。

图片提供：Crazy Horse

在哪里看秀

疯马秀
- www.lecrazyhorseparis.com
- 12, Av George V 75008 Paris
- 01-47-23-32-32
- 周日至周五 20:30～24:00、周六 19:30～23:50
- 纯看秀 105 欧元，座位分演奏区和吧台区，演奏区含香槟 125 欧元起；另外一种消费方式是，在表演前用晚餐加表演 145 欧元起，包厢秀加晚餐 184 欧元。
- 搭乘地铁 9号线在 Alma Marceau 站下车。

丽都秀
- www.lido.fr
- 116 bis, av des Champs Élysées 75008 Paris
- 04-40-76-56-10
- 周一至周日 09:00～02:00
- 19:00开始，晚餐加表演或香槟加表演 140～200 欧元，21:30、23:30开始的两场各100欧元，13:00开始的午餐加表演为120欧元，15:00开始的香槟加表演为80欧元。
- 搭乘地铁 1号线在 George V 站下车。

小角落大发现

玩乐篇

红磨坊（Moulin Rouge）

有100多年历史的红磨坊，歌舞秀的表演无论是布景、灯光与演唱都堪称一流，虽然比不上丽都或疯马秀的华丽舞台效果，但表演者以更贴近生活的表演方式亲近观众。经过严格挑选的舞者美女如云，是最富欧洲传统的上空歌舞表演。

红磨坊在哪里

- www.moulinrouge.com
- 82, Bd Clichy 75018 Paris
- 01-53-09-82-82
- 19:00～21:00表演含晚餐180～210欧元；分21:00、23:00两场，每场表演含香槟酒109欧元。
- 搭乘地铁2号线在Blanche站下车。

会慢慢转动的古典广告圆柱亭

美丽的广告亭在巴黎各个角落都看得到，这种圆柱形的广告亭，只展示与文艺相关的活动，并以电影与表演的预告为主。最早的广告亭会慢慢转动，但现在所剩无几，大都被大型的看板所取代。走路时注意一下，幸运的话还可看到现在为数已少、会慢慢转动的广告亭哦！

在巴黎，有历史的地方就有这个立牌，说明所属位置的历史及值得纪念的事迹。只可惜写的是深奥的法文，要了解意思还真是困难。

以前的笔是用羽毛做的，而这个标志现在也变成了书报摊的标志。不只如此，所有书写的文具这里都有的卖，有时还可以找到很精致或可爱的文具精品。

这个标志全欧洲都可以看得到，就是鼎鼎有名的彩票(LOTO)啦！许多法国人成天做着发财梦，不信走进挂有此招牌的咖啡厅或香烟店瞧瞧，买的人还真不少！

应用法语

应用单词

musée 美术馆 / 博物馆
galerie 艺廊
exposition / Salon 展览
boîte de nuit 舞厅 / 夜总会
jardin public / parc 公园

foire 博览会
cinéma 电影院
palais 宫殿
château 城堡
église 教堂

tour 塔
monument 古迹
rivière 河
forêt 森林
montagne 山

football 足球
ticket / billet 票
billetterie 售票亭
adulte 大人
enfant 小孩

实用会话

Avez-vous une brochure touristique de la ville ?
请问，有这个城市的观光小手册吗?

Veuillez me donner un plan de transport ?
可否给我一份交通路线图?

Est-ce qu'il est loin d'ici ?
离这里很远吗?

Combien de temps ça prend pour aller là-bas à pied ?
走路的话要多久?

Comment je peux aller là-bas ?
我怎么去那里?

Où je peux prendre l'autobus / Métro ?
哪里可以坐地铁 / 巴士 ?

Est-ce que le Musée ouvre aujourd'hui ?
请问，今天美术馆开吗?

A quelle heure il ouvre / ferme ?
几点开门 / 关门?

Je veux un guide qui peut parler chinois.
我要一位会说中文的导游。

Quel est le prix pour une journée ?
一整天多少钱?

Où je peux acheter le billet ?
哪里可以买入场票?

Est-ce que nous avons un guide qui peut parler chinois ?
我们有会说中文的导游吗?

Je voudrais visiter quelques musée.
我想参观几个美术馆。

Combien coûte l'entrée ?
进场多少钱?

Jusqu'à quelle heure il ouvre aujourd'hui ?
今天开到几点?

Avez-vous un brochure gratuite pour cette musée ?
请问，有没有免费的美术馆导览手册?

Où je peux voir un opéra ?
哪里可以看歌剧?

Quel est le programme aujourd'hui ?
今天的节目是什么?

A quelle heure commence-t-on / finit-on ?
几点开始 / 结束 ?

Combien de prix différent ?
有几种票价?

Y a-t-il une réduction pour les enfants ?
有没有小孩的优惠票?

Y a-t-il une réduction pour les groupes ?
有没有团体的优惠票?

Y a-t-il une réduction pour les moins de 26 ans ?
有没有26岁以下的优惠票?

Y a-t-il une réduction pour les personnes de plus de 65 ans ?
有没有65岁以上的老人优惠票?

Le billet le moins cher / plus cher est à combien ?
最便宜 / 最贵的票是多少钱?

Combien coûte un billet ?
一张票多少钱?

Est-ce que il y a encore des places ?
还有位置吗?

Reste-t-il encore des places pour ce soir / demain soir ?
今晚 / 明晚 还有位置吗?

J'ai réservé, mon nom est _____.
我已经预订了，我的名字是_____。

Quand peut-on acheter un billet ?
何时可以开始买预售票?

Je voudrais acheter un billet pour le _____.
我要买_____日期的预售票。

Un programme, s'il vous plaît.
请给我一份节目表。

A quelle heure finit le spectacle ?
这个表演几点结束?

Où est le bar ?
吧台在哪里?

Je peux prendre des photos ici ?
我可以在这里拍照吗?

Pouvez-vous nous prendre en photos ?
可以麻烦您帮我们拍张照吗?

Prenez encore une photo, s'il vous plaît.
麻烦请再拍一张。

Pouvons-nous vous prendre en photo avec nous ?
可以请您和我们一起拍照吗?

Je peux vous prendre en photo ?
我可以帮您拍张照吗?

购物篇
SHOPPING

法国购物胜地在哪里

来到名牌诞生地，不好好"搜刮"一下就亏了！

法国购物注意五件事	126
巴黎必逛的商圈	127
歌剧院区	127
玛黑区、圣日耳曼德佩区、磊阿勒区	128
拉德芳斯、香榭丽舍大街、贝西购物村	128
最具代表性的百货公司	129
行家带路	130
来法必逛购物村推荐、到哪里找名牌	130
法国知名的美妆连锁店、超人气且超便宜的药妆店	131
最具代表性又实惠的小礼物	132
如何办退税	134
退税条件、三种退税方式、退税步骤	134
如何提钱、换钱	135
提款机操作示范	136
买美容保养品无障碍	137
应用法语	138

法国购物注意五件事

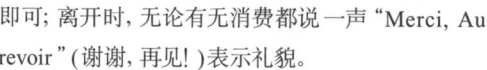

退税

消费税很高，一定要退税！法国的消费税高达20%(内含)，退税绝对是法国购物的一大重点，也是游客独享的权利。要享有退税，必须同一天在同一家商店内的购物金额达到175欧元(含消费税价格)，就可享12%的退税金额。**所以集中在同一家买齐物品，或找同行伙伴一起买东西，是退税要诀。**

营业时间

午休、早打烊，假日还不营业！一般都市的商店营业时间为周一至周六10:00到19:00～20:00；在外省，有些商店13:00～15:00还会休息。中型超市如Monoprix，则会营业至21:00。百货公司会在周四延长营业至22:00。周日除了一些面包店与食品店外，其余商店及百货公司都歇业。近几年来，巴黎陆续出现周日也开的购物区，如贝西村、玛黑区、圣路易岛或过季名牌购物村等。但小型城市所有的商店都是周日不开的。

折扣季

在法国购物是不接受杀价的，但善用折扣季(Solde)加上退税，可省下一大笔费用。法国一年有两次折扣季，折扣季持续一个半月左右。冬季折扣季通常是1月10日至2月中左右，也就是新年过后；夏季折扣季则是6月下旬至7月中旬，即暑假开始的时候。法国的折扣季颇固定，但日期会依省份而不同。折扣季人多，购物最好安排在平日上班时间。

购物礼仪

进入商店时，店员通常会主动以"Bonjour"（日安）向顾客问好，也以"Bonjour"回应即可；离开时，无论有无消费都说一声"Merci, Au revoir"（谢谢，再见！）表示礼貌。

放在橱窗的物品尽量请店员拿取，询问时也要注意是否有其他顾客在先，法国人很注重排队的先后次序。

付款方式

若使用现金，避免在小商店使用百元面额以上的纸钞，有些店家会拒收；法国的店家大都接受信用卡付款，但须超过每家所规定的金额（约15欧元），一般的超市则约10欧元。刷卡消费是通过机器按密码，并非用复写签名的方式。如果使用没有芯片的信用卡付费，店家会打印出两份收据，一份请顾客签名留给店家，另一份则会给顾客作付费单据。只要将收据与刷卡单收好，都可在7日内回店更换。

若使用信用卡付费，会有两张收据，一张叫"Carte Bancaire"，是信用卡的收据；另一张则是购物收据，如果商品需要更换，也是以此张收据为凭的。

在法国，有许多自动售票机只接受芯片信用卡（六位数密码），如地铁、加油站或火车自动售票机。建议在国内先将信用卡更换成有芯片的信用卡，在欧洲消费使用会更方便。

巴黎必逛的商圈

购物篇

巴黎，长久以来一直是购物天堂，每年吸引赴欧旅游的各国游客不计其数，尤其对于中国客来说，排队买名牌已是旅法的必要行程之一。

歌剧院区
Opéra

这里是春天百货(Le Printemps)、老佛爷百货公司(Les Galeries Lafayette)及许多名牌服饰店的集中地，自然购物的人潮从未停歇。对游客而言，在这里买东西也颇方便，除了法国有名的品牌一个都不会少以外，还有华人柜台专门帮你办理退税手续。不远的马德莱娜广场(Place de la Madeleine)有面向王公贵族、名商巨贾的福雄(Fauchon)高级食品店。这一处的消费是巴黎最贵的，平常人还真消费不起。

➡ 地铁3、7、8号线至Opéra站或快速铁路(RER) A线至Auber站。

① 春天百货公司（Printemps）
② 老佛爷百货公司（Galeries Lafayette）
③ Bon Marché 百货公司
④ BHV百货公司

玛黑区 (周日有营业)
Marais

如果想找设计感强又独特的商品，玛黑区的店绝不会让你失望。造型特殊的眼镜，奇形怪状又别致的饰品，前卫又有个性的摆饰、文具，让人很难空手离开这里。这里还有许多装潢新颖的酒吧、餐厅，还有好吃的犹太餐厅。周日此区的商店也营业，就连挑剔的巴黎人也喜欢来此购物。

▶ 搭乘1号线至Saint Paul站。

圣日耳曼德佩区
Saint Germain des Prés

这里是时髦、高雅的精品店与独立品牌的活跃之地。许多新设计师或新品牌都会在此开设第一家店。附近都是小餐馆、酒吧、咖啡店，包括花神、力普、双叟都在此区，终日人潮不散，是非常活跃的一区。

▶ 搭乘地铁4号线至Saint-Germain-des-Prés站。

磊阿勒区
Quartier des Halles

宛如时髦玩意儿的磊阿勒区，是巴黎的交通枢纽，也像是北京的西单或东京的新宿，年轻人喜欢的时髦玩意这里都有。尤其是中央市场内的商场，服饰店琳琅满目，还有占地广阔的FNAC，地面层有好几家家饰店，很值得逛逛。

▶ 搭乘地铁1、4、7号线至Châtelet站或快速铁路A、B、D号线至Châtelet Les Halles 或 Les Halles站。

拉德芳斯 (部分周日有营业)
La Défense

除了高楼林立的办公大楼外，这里也是商业区。在高楼里有几个大型的购物商场，因为地缘的关系，郊区的人都来此采买生活必需品；而大商场内的商店众多，选择性高，价格也很公道。

▶ 搭乘地铁1号线坐至终点站La Défense站。

香榭丽舍大街
Champs Elysées

这条世界知名的大街上有许多代表法国品牌的商店，还有许多法国汽车品牌的概念店。在汽车概念店里，可以看到最新型的概念车及相关商品。名牌旗舰店集中地蒙田大街也在往协和广场的大街附近。

▶ 搭乘地铁1号线至George V，或1、9号线至Champs Elysées Clemenceau站。

贝西购物村 (周日有营业)
Bercy Village

巴黎的新兴休闲区，原本是巴黎的红酒集散地，后来将酒窖规划成精致的商店与餐厅。这里有许多富有特色的大型生活家饰店或是艺术精品店，且周日不打烊，餐厅、电影院又都在附近，很适合全家出游。

贝西村在哪里

🌐 www.bercyvillage.com
🏠 Cour Saint Emilion 75012 ☎ 01-40-02-90-80
🕐 周一至周日 11:00～21:00
▶ 搭乘地铁M14至Cour Saint Emilion站。

在法国如何找到购物商圈

法国的大都市多有购物商圈，但是在中小型的城市如何找到购物的地方呢？如果是中型城市，在城市的周围总有许多大型的卖场，但大都需要自行开车前往，较适合以开车方式旅行的人。而不论是大小城镇，最热闹的商店街总会在市中心，所以在进入市区时注意路标"Centre-Ville"（市中心）即可找到。

最具代表性的百货公司

春天百货公司（Printemps）

在歌剧院附近，货品齐全，常不定期举办服装发布会，还设有中文退税服务柜台。记得使用针对外国游客的九折卡(在机场、旅游中心及春天百货柜台都拿得到)更划算哦!

- www.printemps.com
- 64, bd Haussmann 75009
- 01-42-82-57-87
- 周一、二、三、五、六09:30～20:00，周四09:30～22:00
- 搭乘地铁3、9线至Havre Caumartin站，或RER A线至Auber站。

老佛爷百货公司（Galeries Lafayette）

与春天百货相邻，也是会逛到脚酸的那种大百货公司。每年圣诞节都会吸引无数的小孩来看活动橱窗展示。和春天百货一样，购物前记得先拿九折卡消费哦！

- www.galerieslafayette.com
- 40, bd Haussmann 75009
- 01-42-82-34-56
- 周一、二、三、五、六09:30～20:00，周四09:30～21:00
- 搭乘地铁7、9线至Chaussée d'Antin Lafayette站，3、7、8线至Opéra 站或RER A线至Auber站。

Le Bon Marché 百货公司

虽然名字法文直译是平价的意思，但价格可一点都不平价，甚至偏高，因为这里只卖高级商品。值得一看的是一楼的食品百货，巧克力、鹅肝酱、红酒等法国高级食品琳琅满目，包装精美、高级，买回去送人绝对讨人喜欢。

- www.lebonmarche.fr
- 22, rue de Sévres 75007
- 01-44-39-80-00
- 周一、二、三、六 10:00～20:00，周四、五 10:00～21:00
- 搭乘地铁10、12线至Sévres Babylone站。

BHV 百货公司

除了一般百货公司的商品外，一切"自己动手做"的DIY商品都有，大到窗户，小至特殊螺丝钉，以及窗帘、沙发布或手工艺品的材料，只要想得到的，这里一定都找得到。

- www.bhv.fr
- 52-64, rue de Rivoli 75001
- 01-42-74-90-00
- 周一、二、四、五09:30～20:00，周三09:30～21:00。持护照至柜台可获得九折卡
- 搭乘地铁1、11线至Hôtel de ville站。

购物小提醒

在机场或旅游中心拿到的百货公司小简介，里面是地图，外面有百货公司的折扣卡。使用前，需先到服务台办理登记。最保险的办法是，不管到哪一家百货公司，先到服务台询问折扣与相关事宜，至少可拿到这些即使不满退税金额也可享受的九折优惠！

行家带路

巴黎是国际时尚大都市，要找名牌就要找对地方。

来法必逛购物村推荐

山谷购物村（La Vallée Village）

喜欢买名牌又下不了手的人，来到这里仿若置身于天堂，因为平常绝对不打折的名牌，过季之后就会在此出售，而价格也至少有33%的折扣，甚至更低！即使是折扣季，价格还会再打折。世界知名品牌这里几乎都找得到。如果想买特定品牌，最好先上网查询。虽然来这个购物村从巴黎出发约需35分钟的车程，但如果你也喜欢迪斯尼乐园，那来一趟绝对值得。在接待柜台出示护照，还可以享受部份商家的九折卡，购物更超值。

山谷购物村在哪里

- Ⓦ www.lavalleevillage.com
- 🏛 3, Cours de la Garonne 77700 Serris
- ☎ 01-60-42-35-01
- 🕙 周一至周日 10:00～19:00（元旦、劳动节、圣诞节休息）
- 🚆 从巴黎前往：搭乘快速铁路（RER）A4线往迪斯尼乐园方向（Parcs-Disney）至Val d'Europe/Serris-Montévrain站（五圈）；从巴黎至购物村约35分钟，出站后步行约1分钟。
  从外省前往：搭乘火车或欧洲之星至Marne-la-Vallée-Chessy-Parcs Disney站，从车站出站后步行10～15分钟。

到哪里找名牌

知名品牌旗舰店多集中于和香榭丽舍大街相接的蒙田大街(Avenue Montaigne)，有伊夫·圣罗兰(Yves Saint Laurent)、克里斯蒂安·迪奥（Christian Dior）和路易斯·威登(LV)、香奈儿(Chanel)等数十家。

圣奥诺雷街(Rue du Faubourg Saint-Honoré)从头到尾都是名牌旗舰店的集中区，如爱马仕(Hermés)、古奇(Gucci)、香奈儿(Chanel)等。

省钱小贴士

挑打折季

若要省钱，绝对要挑打折季来。法国的折扣法令相当严格，绝对禁止商家提高价钱再打折，也不准将过季商品拿出来充当拍卖品，所以折扣与品质是非常实在的。

过季商品品质依然好

4号线上的Alesia站，附近有许多仓库(Stock)，也就是过季的清仓仓库站，虽然货品没有太多的整理，但品质可都是好的哦！

明信片和纪念品要多比较

千万别贪快，这两项到处都有，但价格相差很大，多比较几家决不会吃亏！

超市购物省钱多

价格较低廉的超市品牌为 Aldi、Lidl、Leader Price。这几家皆以直营直销的方式经营，日常用品和食物都比一般超市便宜许多。

法国知名的美妆连锁店

丝芙兰（Sephora）美妆店

法国最大的美妆连锁店，以中高价位的美妆保养品为主，也有自家品牌的沐浴乳、彩妆系列，色彩艳丽精美的包装很讨喜。这里有许多旅行用的小巧的保养品且选择多样，男性保养品也为数不少。

W www.sephora.com

Marionnaud 美妆店

法国连锁美妆店，主打知名品牌的保养品、香水、彩妆与护发用品，常常会有购物促销送的手提包礼物。在法国各城市都有分店，是法国人习惯买香水的店家。

W www.marionnaud.fr

伊夫·罗谢（Yves-Rocher）美妆店

法国本土的国民美容店，标榜以百分百自然成分生产，且包装精致、小巧，价格也很公道，常会推出特价礼盒。它的淡香水颇受法国女生的欢迎，且在法国大大小小的城市都找得到其专卖店。

W www.yves-rocher.com

超人气且超便宜的药妆店

CITY PHARMA

老字号的人气药妆店，共两层楼。一进店里，会有身在超市的错觉，因为人手一个购物篮，很像超级市场，而这里价格也超值，一罐十几欧元的保养乳液，比外头要便宜3～5欧元。国内常见的品牌如碧欧泉（Biotherm）、欧缇丽（Caudalie）、雅漾（Avene）、贝德玛（Bioderma）、薇姿（Vichy）、妮傲丝翠（NeoStrata）、依泉（Uriage）都找得到。常有双包装特价组，品牌齐全又可退税，是巴黎人最爱的药妆店。结账时别忘了选退税柜台结账，可较快速办理退税结账。

W www.pharmacie-paris-citypharma.fr
📍 26 Rue du Four, 75006 Paris
☎ 01-46-33-20-81
🕒 周一至周五 8:30～20:00，周六 9:00～20:00
🚇 搭乘地铁 4 号线至 St-Germain-des-Pres 站。

芭姿药妆（Pharmacie Basire）

巴黎十大药妆之一，华人消费八五折优惠。门店距埃菲尔铁塔、凯旋门仅有10多分钟步行距离，非常适合前来游览景点的游客们选购产品。店内雅漾、理肤泉（La Roche Posay）、欧缇丽、欧树（Nuxe）、依泉、薇姿等品牌齐全，还有中文导购与产品手册及快速柜台办理游客退税（13%）服务，有试用装赠送。

📧 basireparis
📍 118 bis Avenue Victor Hugo，75116 Paris
🕒 周二至周六 8:00～21:00，周一、周日 9:00～21:00
🚇 搭乘地铁 2 号线至 Victor Hugo 站或 6、9 号线至 Trocadéro 站。

MONGE PHARMA

一样是超值的药妆店，但客户群以亚洲的游客为主。店内也贴心地准备了包含各热门品牌保养品的中文翻译说明与价格表。除了保养品，也有许多法国的保健食品可供选择。有专门办理退税的结账柜台，时常会赠送试用品。

W www.pharmaciemonge.pharminfo.fr
📍 1, Place Monge, 75005 Paris ☎ 01-43-31-39-44
🕒 周一至周五 8:30～20:00，周六 9:00～20:00，隔双周的周日
🚇 搭乘地铁 7、10 号线至 Place Monge 站。

最具代表性又实惠的小礼物

想买礼物，却担心时尚精品或鹅肝酱昂贵，心有余而财力不足？那么在旅游景点买一些巴黎纪念品，讨人喜欢又不花大钱。超市里也有许多宝可挖：咖啡粉、巧克力、花茶、果酱……想奢侈一点，各式各样的鸭、鹅肝酱、乳酪或红酒，选择多又实惠。

法国人少不了的乳酪

法国拥有上千种不同的乳酪，连法国人也说不出来具体有多少种。如果喜欢吃乳酪，又怕买到气味太重的乳酪，就可先从硬的乳酪着手。有些乳酪需冷藏，可请饭店代为保管至退房。记得，搭乘飞机时不可以随身行李带着，否则进出海关时会被强迫去掉。

法国历史悠久的微笑红牛乳酪

哪里买：各大超市或乳酪专卖店。专卖店有时可提供真空包装（Sous Vide）服务。

有助睡眠的花草茶

法国花草茶很多没有茶的成分，也就没有咖啡因，不会有喝了睡不着的问题。有些茶还可以帮助睡眠，法国人称之为"l'infusion"，它是以各种具有疗效的"香草"调配而成的，例如椴花（le tilleul）就是可以帮助睡眠的香草茶。

哪里买：Bio 有机店或是各大超市。

口味百变的巧克力

法国是巧克力消费大国，巧克力种类繁多。Noir 是黑巧克力，Au lait 是牛奶巧克力，知名的松露巧克力是圣诞节期间才有的时节限定产品。超市的巧克力砖口味众多，浓度也会标示在包装上。如果喜欢较精致的手工巧克力，就要到专卖店购买，但价钱贵在手工，比超市的巧克力贵2～4倍，当然滋味也大不相同。

哪里买：手工巧克力在专卖店买，一般巧克力在各大超市买。

美妆保养品

法国的美妆品牌众多，选择小巧的美妆保养品自然最能讨女性朋友的欢心。超滋润的护唇膏与护手霜，或是旅行用的套装组与保湿面膜，都是很讨人喜欢的小礼物。其中，以法国本土的美妆保养品牌伊夫·罗谢（Yves-Rocher）的变化最多，它时常推出小包装的沐浴用品与彩妆小礼盒，价格也很优惠。另外一家连锁店——丝芙兰（Sephora）美妆店虽以大品牌为主，但仍可找得到各品牌推出的旅行用的套装组与各式各样的美妆保养品。大超市里的美妆区也有各式各样的，依欧洲干燥天气特别推出的超保湿面膜，也很受亚洲女性的喜爱。

哪里买：药妆店、伊夫·罗谢连锁店等。

法式酱料调理包

想把法国菜品带回家吗？最方便的方式就是买保存期限久、花样又多的法式酱料包。多数的酱料包都是重量轻的粉状，尤其是浓汤的种类繁多，大部分看包装上的图片就可知道是使用在什么食材上的。许多口味都是国内找不到的。价格1.5～2.5欧元。

哪里买：各大超市。

独特的美术馆家饰物与书籍

法国的美术馆或博物馆都会附有与艺术相关的商品的专卖店。这些店里出售的与艺术家和作品设计相关的商品一向受人欢迎。除了固定展览的相关商品外，也会依不同时期的展览推出限量纪念品。因此，画家较具代表性的商品可遇不可求，商店也会贴心地推出便宜的趣味小物如便条纸、小别针或明信片，都是很讨人喜欢的小礼物。

哪里买：美术馆里的商店。

如何办退税

退税条件

在提供退税服务的商店，同一天在同一家购物达到175欧元(含消费税价格)以上，即达退税标准。以信用卡退税为购物总额的12%，现金退税则是10.8%。在购物时，就须选择现金或是信用卡退税，之后无法更改。

三种退税方式

信用卡退税(Credit Card Back)：直接将退税金额转到信用卡刷卡账户，退税金额较现金高，是最方便的退税方式。

现金退税：退税金额较信用卡低外，每笔会收取3欧元的佣金。在机场的现金退税柜台办理退税后，需再到退税(Tax Refund)的柜台领取现金。

当场现金退税：只有大百货公司才有此服务，可马上拿到退税的金额。

退税步骤

Step 1　达到退税标准

在商店看到这个可退税标志，又达退税标准即可办理。结账时连同护照一起交给店员开立"退税单"(Détaxe)；跟店员说"Détaxer s'il vous plaît"，店员会帮你填好并询问以信用卡或现金退税，要出示护照和国内的英文联络地址。信用卡退税，则需填信用卡的资料。

Step 2　填写退税单

填妥后检查资料是否有误，并于签名栏上签名。店员会将三联退税单放入信封内交给你。

Step 3　机场退税柜台

在机场要出境时，在办理登机手续之前，先退税。依选择退税方式(现金或信用卡)带退税单、护照、机票或电子机票、行李(买的货品)一同到退税窗口(Detaxe)办理。

巴黎戴高乐机场退税窗口位置如下。第一航站楼：商店餐饮层CDGVAL，六馆；第二航站楼2A：出境层5号门；第二航站楼2C馆：出境层4号门；第二航站楼2E馆：出境层8号门；第二航站楼2F馆：出境层；第三航站楼：出境层出境海关旁。也可通过自动退税机器Pablo进行退税，只要将退税单条码在Pablo机器上扫描，只要经过机器验证通过，即表示会自动退税至信用卡。需注意的是，16岁以下的人员无退税资格。

Step 4　完成退税程序

将机票、护照、退税单交给窗口，海关人员会在三联退税单上盖章，交还客户收执联(绿色)、店家存联(店家同退税单一起给的)。将粉红色的店家存联放进信封，免贴邮票投入退税窗口旁的黄色邮筒即可。客户收执联须妥善保存，有问题凭此申诉。退税时间1～2个月。

退税小提醒

- 将国内的联络地址翻译成英文备用，以便填退税单，并确认单上护照号码、信用卡号、联络地址是否有误。
- 如为多国旅游，可在最后离开的申根签证国家一起办理退税。
- 如有相机，最好先将退税单与货品收据拍照存证保留。
- 机场的现金与信用卡退税的柜台是分开的，排队也颇耗时，最好购物时统一选择一种退税方式，并提前至机场以免来不及登机。

如何提钱、换钱

兑换旅行支票

这是旅行支票的服务标志，若店家或餐厅贴此标志，表示可用旅行支票付费；若是邮局、旅行社或银行，表示可在此将旅行支票换成现钞。若是美国运通的旅行支票(American Express Travelers Cheques)，可上网查询法国各地的兑换处，大部分的法国邮局(La Banque Postale)都可兑换。

www.aetclocator.com

兑换外币

兑换店(Bureau de change)和银行(Banque)可换外币，但巴黎的外币兑换店很少可以接受人民币，倒是有时会接受旅行支票换现钞，但普遍收取的手续费价格偏高。兑换店的营业时间09:00～19:00。在火车站、机场、著名旅游景点，皆可找到外币兑换处。

提款机提款

在法国，认银行标志倒不如认信用卡标志。通常银行外面只有名字而不太会标示银行"Banque"这个单词，但几乎每一家银行都会挂信用卡的标志，所以要找银行认卡的标志就够了！尽量使用银行内的提款机提款较安全。进银行会有两道门，进入第一道门后，再按钮开第二道门。

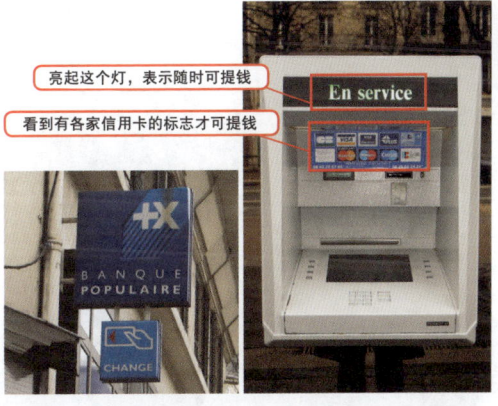

亮起这个灯，表示随时可提钱

看到有各家信用卡的标志才可提钱

申请芯片金融卡到国外使用

芯片金融卡是背面仍保留磁条的金融卡，在国外使用时应输入六位数磁条密码。出发前，最好先与银行确认是否具有国际提款功能与收费标准，有些银行需特别提出申请。法国的高速公路收费、巴黎自行车租用与地铁的购票都可以使用芯片金融卡付费。

提款机上有Plus、Mestro、Cirrus标志的都可以提领，对照一下提款机与卡片上的标志是否相同就可提款了。如果因密码输入错误达规定次数，卡片被机器留置时，需与提供ATM服务的当地银行联络，并出示护照、比对签名或身份证号码取回卡片。如果在24小时内未取回卡片，当地银行将剪断卡片并作废；回国后，需再至银行办理补发新卡事宜。

提款小提醒

- 避免在周末假日时使用提款机提钱，平常银行开着，卡被无故吞掉还可以请银行工作人员处理；若是周末假期，就要等银行营业后再来要啰！
- 如果有室内提款机最好进室内提领，安全且大都有摄像头，万一发生状况至少有录像。
- 提款机有按钮式和屏幕触控式两种，如果小屏幕前没有按钮，则表示为触控式的；提钱的顺序两者是一样的。

提款机操作示范

Step 1
"RETRAIT"是提款机。要先看有没有各家信用卡的标志才可以提钱。

Step 2
屏幕显示欢迎画面,就可将信用卡依正确方向插入,有时可选择语言。

Step 3
画面会显示"请输入六位数密码"的指示,输入的密码会变成"*"字。

> Composez votre code confidentiel à l'abri des regards indiscrets puis validez
> 按下密码后,按确定。

Step 4
输入密码之后,还要按"Valider"(确认键)哦!
注意! 如果密码不对或无法提供服务,卡片会退出来,第三次密码错误,卡片就会直接被提款机吞掉哦!

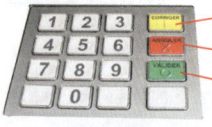
Corriger 更正
Annuler 取消
Valider 确认

Step 5
密码正确会直接进入提款金额的选单,在金额旁边直接按钮选择即可。如画面没有要提领的金额,就按画面右下角领取其他金额(Autres montants),再输入金额后,按"Valider"确认。

Step 6
接着画面会显示要不要明细表。"oui"是要,"non"是不要明细表。

> Souhaitez-vous un ticket?
> oui   non
> 需要明细表吗?
> 要   不要

Step 7
选择之后,机器就会先将卡片退出来。

> Veuillez patienter,
> nous préparons vos billets
> 请稍等,正在准备现钞

PS. 这时信用卡会退出来。

Step 8
接着机器会吐出提领的现钞和明细表。

> Veuillez prendre
> vos billets
> 请领取您的现钞

Step 9
回到欢迎画面。通常上面有服务电话,万一有问题或卡被吞掉,这个信息就很有用了!

买美容保养品无障碍

法国是时尚大国，更是许多知名美容保养品牌的大本营。在法国的百货公司或大型超市都有美容用品专区，不然在药房也都可以买到宣称医用的保养品。

许多爱美的女性来法国想买些美容保养品回去用，却陷入语言不通的困境，望着琳琅满目的美容保养品无从下手，不得不失望而归。有了以下的单词，一一对照保养品上的说明，相信一定可以帮助你买到心中的美容佳品。

anti 防老的
eau thermale 矿泉的
naturel 天然的
givre 粉状的
sans alcool 不含酒精
nourrissant 滋润的
soin 保养
démaquillant 卸妆
lotion / tonique 化妆水
liquide 液状
lait 乳状物
mousse 泡沫状
savon 香皂
crème 霜状
émulsion 乳液状
extra 精华液
essence 美容液
gel 凝胶状
baume 膏状

type de peau 肤质
peau sèche 干性肌肤
peau grasse 油性肌肤
peau mixte 混合性肌肤
peau à problèmes 问题肌肤
peau réactive 易过敏性肌肤
peau sensible 敏感性肌肤
peau hyperpigmentée 肤色暗沉肌肤
peau ridée 易有皱纹肌肤
peau en perte d'élasticité 松弛肌肤
fatigue 疲惫的
bouton 青春痘
point noir 黑头粉刺
anti-cernes 遮暇
ride 皱纹
rougeur 发红
tache 黑斑
irritation 抓痒性红斑

utilisation 使用方式
matin 早上用
soir 晚上用
jour 白天用
nuit 夜晚用

crème de jour 日霜
crème de nuit 夜霜
crème contour des yeux 眼霜
anti-âge 防老化
anti-rides 防皱纹
soins pour la peau 护肤
crème du matin 日霜
crème du soir 晚霜
gel yeux 眼部凝胶
masque visage 面膜
facial scrub 磨砂膏
gommage exfoliant 去角质
gommage 去角质
effaceur rides 去皱纹

matin et soir 早晚用
après le nettoyage 洗完脸后
après le tonique 化妆水后
deux fois par semaine 每星期两次
une fois par semaine 每星期一次

Crème pour les mains 护手霜
la parfumerie 香水店
cosmétique 彩妆
correcteur 遮瑕盖斑膏
fond de teint 粉底
crayon à lèvres 唇线笔
crayon à sourcil 眉笔
contour des yeux 眼线笔
le rimmel 睫毛膏
rouge à lèvres 唇膏
le gloss. 唇彩
le vernis à ongles 指甲油
SPF/PA 防晒系数

lait nettoyant 洗面乳
gel nettoyant 洗脸凝胶
lait démaquillant 卸妆乳
eau démaquillant 卸妆水
démaquillant yeux et lèvres 眼唇卸妆水
lingettes démaquillantes 卸妆纸巾
lotion faciale 化妆水
eau tonifiante / tonique 紧肤化妆水
lotion astringent 收敛化妆水
lotion visage 化妆水
tonique douceur 软肤水
lotion purifiante 净肤化妆水
tonique clarté 洁净化妆水
lotion d'hydratation tonique 保湿化妆水
lotion blanchissant 美白化妆水
équilibrant tonique 抑油／平衡油脂化妆水

visage 脸
cou 脖子
peau 肌肤
yeux 眼睛
nez 鼻
cils 睫毛
lèvres 唇
sourcil 眉毛
dent 牙齿
cheveux 头发
corps 身体
main 手
pied 脚
jambe 腿

服饰尺寸对照

女士
欧洲	33	34	35	36	37	38	39	40
日本	20	21	22	23	24	25	
美国	4	5	6	7	8	9	

男士
欧洲	38	39	40	41	42	43	44	45
日本		24	25	26	27	28	29	
美国	6	7	8	9	10	11	

女鞋对照尺寸
日本	22	23	24	25	26	27
欧美	35	36	37	38	39	40

男鞋对照尺寸
日本	24.5	25	26	26.5	27	28	28.5	29
欧美	38	39	40	41	42	43	44	45

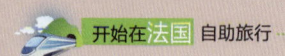

应用法语

应用单词

grand(e) 大	soie 丝质	noir 黑色	jaune 黄色	beige 浅咖啡色	fin(e) 薄
petit(e) 小	coton 棉	gris 灰色	brun 棕色	marron 栗色	
long(gue) 长	lin 麻	doré 金黄色	vert 绿色	argenté 银色	
court(e) 短	laine 羊毛	or 金色	bleu 蓝色	cher(chère) 贵	
large 宽	blanc 白色	rouge 红色	violet 紫色	bon marché 便宜	

实用会话

Boutique hors taxe.
免税商店

Où est le supermarché le plus près ?
最近的超级市场在哪里?

A quelle heure les boutiques ouvrent ?
商店几点开?

Où je peux l'acheter ?
哪里可以买得到?

Je regarde seulement.
我先看看。

Où je peux trouver des vêtements / des chaussures ?
哪里找得到衣服 / 鞋子?

Montrez-le-moi s'il vous plaît.
麻烦请拿给我看。

Détaxer s'il vous plaît.
我要办理退税。

Avez-vous la même chose que cela ?
你们有像这样一样的东西吗?

Est-ce que je peux le prendre ?
我可以拿起来看吗?

Je voudrais comme celui-ci dans la vitrine.
我想要像放在橱窗那样的。

Avez-vous celui-ci dans une autre couleur ?
你们有没有其他颜色?

Je préfère...
我比较喜欢……

Cela ne me va pas.
这个不合我身。

C'est la bonne taille.
这是我的尺寸。

Avez-vous quelque chose de plus grand / petit ?
有没有比较 大 / 小的?

Je peux l'essayer ?
我可以试试看(试穿)吗?

Je voudrais du trente-huit.
我要38号的尺寸。

Où je dois payer ?
在哪里付钱?

Où est le salon d'essayage ?
哪里是试衣间?

C'est trop long / court / serre / large
太 长 / 短 / 紧 / 宽

Veuillez le commander pour moi ?
可以帮我订吗?

Combien de temps ça prendra ?
需要等多长时间?

Je vais prendre cela.
我要买这个。

Pourriez-vous réduire le prix ?
可否算便宜一点?

Je le trouve trop cher.
我觉得这个太贵了。

C'est pour offrir.
是要送人的。

Veuillez les emballer séparément.
请分开包装。

Pouvez-vous me donner un facture ?
可以帮我开张收据吗?

Où je peux trouver une banque / un bureau de change par ici ?
哪里可找得到银行 / 外币兑换处?

Où je peux encaisser ce chèque de voyage ?
哪里可以兑换旅行支票?

Je peux encaisser ce chèque de voyage ici ?
我可以在这里兑换旅行支票吗?

Pouvez-vous me donner de la monnaie ?
可否换些零钱、硬币?

Est-ce que je peux payer par carte bleu ?
我可以用信用卡付费吗?

Est-ce que je peux payer par un cheque de voyage ?
我可以用旅行支票付费吗?

Je peux retirer de l'argent avec une carte de crédit ?
我可以用信用卡提钱吗?

Quel est le montant maximum / minimum ?
可以最多 / 最少 提多少钱?

Je voudrais changer de l'argent.
我想要换欧元。

Le change est à combien ?
汇率是多少?

通信篇
COMMUNICATION

在法国，随时与世界连线

联络的方式好几种，除了使用手机国际漫游外，也可使用国际电话预付卡。别忘了，法国的网际网络可是很发达的，拨打网络电话是一种最省钱的联络方式。

打电话	140
如何拨号	140
打电话的方式	141
法国的电信业	142
如何使用公用电话	143
上网	144
哪里可以上网	144
邮寄	145
邮局服务项目、邮寄信件与包裹	145
地址的正确写法、自动售卖机的使用步骤	146
邮寄重量与价钱一览表	147
应用法语	147

打电话

如何拨号

从中国打电话、发短信到法国

国际冠码 + 法国国家代码 + 区域号码 + 电话号码

先拨国际冠码"00",再拨法国的国家代码,加上区域号码及电话号码。如果市内电话或手机号码前面有"0",必须去掉。

中国拨打至法国	国际冠码 +	国家代码 +	区域号码 +	电话号码
打到一般市话	00	33	1(大巴黎地区) 9(法国网络电话)	XXXXXXXX(8位)
打到法国手机	00	33	6(法国手机起码)	XXXXXXXX(8位)
发短信到法国手机	+	33	6(法国手机起码)	XXXXXXXX(8位)
打到法国的公共电话	00	33	X(公共电话的起码)	XXXXXXXX(8位)

从法国打电话回国内

国际冠码 + 中国国家代码 + 区域号码 + 电话号码

从法国往国内打电话的方式有好几种,除了使用自己手机的国际漫游功能外,也可以购买法国当地的电话卡。打电话虽然方便,但通话费比较昂贵。

法国拨打至中国	国际冠码 +	国家代码 +	区域号码 +	电话号码
打到中国固定电话	00	86	10(北京)	XXXXXXXX(8位)
打到中国手机	00	86		XXXXXXXXXXX(11位)

从法国打到法国本地

区域号码 + 电话号码

法国电话无论是手机或普通电话皆为10位,手机开头一律为"06",境内电话则依地区不同而开头区域码不同。如巴黎为"01",打电话时只要直接打"01-XXXXXXXX"即可,手机亦相同。近年来,许多法国的网络从业者推出网络电话的服务,所以会出现"09"开头的电话号码,这些电话皆以一般市话费用计算。

Traveling in France

通信篇

打电话的方式

用手机打电话

出国前，请开通手机的国际漫游功能。如此一进入法国，电信服务即由法国电信承接服务。计费方式：若人在国外，国内的人拨电话给你，对方只要付国内手机的费用，但在国外接电话的你，需要负担从国内到国外的这段国际电话费用。最好请电信公司把语音信箱的服务暂时关闭，否则会连不重要的留言都会收取昂贵的电话费。

善用发送短信的功能，可省下不少通信费。手机只要带转换插头即可充电。

用国际电话卡打电话

国际电话预付卡使用方便，且比手机便宜。国际电话预付卡的好处是，所有按键式电话皆可使用，也有中文的语音导引，清楚易懂，沟通没问题，并提供网上储值，用完了随时可上网储值。

用智能手机的应用程序 App 打电话

智能手机的普及让远在他乡的旅行者可轻松和家人朋友连线，只要连上网络，就可使用App与亲朋好友联系，甚至可以即时通话和分享照片。记得，出国前先安装好这些通信软件，并且需要申请账号，才可使用。这是和亲朋好友连线最方便与便宜的方式。

智能手机应用程序

图示	iSO 与 Android 系统皆适用
	Line 免费通话传讯 通过网络可传送接收文字信息、照片、影片、声音讯息、语音通话与贴图，而不额外收取费用。在国外用最方便！
	Skype 免费通话传讯 最便利的免费通信软件，只要连上网络，就可以联系使用 Skype 的朋友。若有 SkypeOut 储值点数，除了可直接打电话外，还可发短信。
	WeChat 微信免费通话传讯 通过网络就可传送接收文字信息、照片、影片、声音讯息、语音通话与贴图，联络中国的朋友 WeChat 是最快速的方法。
	McDonald's 麦当劳 法国麦当劳可免费上网，App 可找出所有麦当劳的位置，以及提供免费上网的各分店。
	WiFi Finder 快速找网 靠它可找出大范围的无线网络信号，并标示出详细地址，对于旅行中急着找上网点的人很有用！

更多 App 应用程序请至旅法实用 App 快速下载页面：
helloparis.free.fr/france/app.html

法国的电信业

法国是网络与电信极发达的国家，每个家庭几乎都有宽带无线上网的设备，而咖啡厅和酒店，甚至许多公共地区都可以免费无线上网。也因网络的发达带动了网络电话的蓬勃发展。许多人家中的宽带上网都附有网络电话，最棒的是这些网络公司提供的网络电话有些可以免费打到其他国家，甚至国内。

公用电话哪里找

近年来，因移动电话的普及，公用电话亭的使用与设立率下降了不少，因此寻找公用电话亭变得越来越困难。公用电话亭(Cabine Téléphonique)多设在地铁站、热闹的街上，偶尔也会在巴士的候车亭旁，有些餐厅也会设有投币式的公用电话。

 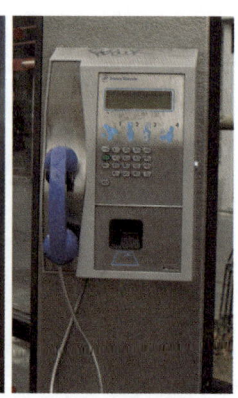

法国国营电信已慢慢地私营化了，但国营的公共电信局"France Télécom"仍是电信业的龙头。负责移动电话业务的则为"Orange"移动电信公司。在法国到处都可以看到这个显眼的橘色标志。

电话卡哪里找

私营电信公司的电话卡

如果在法国停留的时间较久，可考虑买这种最省钱的电话卡，一张仅13～15欧元，可以打好几百分钟的国际电话。这种针对亚洲国家的电话卡，只有在中国城或亚洲商店才有卖；只要到亚洲人多的区域，如果商家门口贴着这种电话卡的中文广告，就表示店内有出售。使用方法在卡片的背后都会用中文解说。开始使用时，只要将标有密码的银胶刮开，就可以用这个号码作为账户，在公用电话或酒店中打电话。有些酒店会锁08开头的号码，若无法打就要去公用电话亭打，拨号方式和普通电话相同(见卡片背面)。

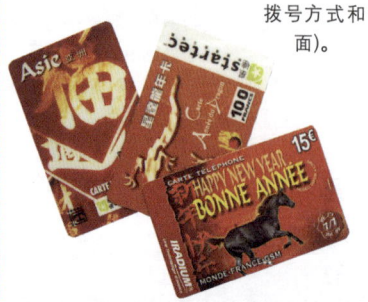

在法国，随处都可看到这个红红的菱形标志。这里除了售卖香烟外，也售卖车票、电话卡或是各式各样的赛马券与彩票。有时也会附设在酒吧或咖啡厅里。

如何使用公用电话

Step 1 拿起话筒时显示"PRESENTER CARTE OU FAIRE NUMERO LIBRE"(请将卡插入或拨打免费电话)。

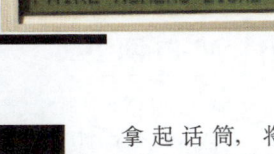

Step 2 拿起话筒,将电话卡依方向插入,显示"PATIENTEZ SVP"(请稍等),表示电话正在读取卡片。或拨打电话票的号码(Code Secret)再按#字。

Step 3 当电话显示卡的剩余点数及显示"NUMEROTEZ"(请拨号)时,就可开始拨号了。这时按的号码会显示在屏幕上。

Step 4 讲完后,如果要再拨另一通电话,可以直接按号码键左下方电话筒的标志。

每个公用电话都有一个专属号码,如果卡里的点数不够,可以请对方打电话来;有人打来电话时,会如市内电话一般响起,只要直接将话筒拿起即可开始对话。

电话亭内的使用方式说明

使用信用卡拨打国际电话的说明

这就是这部公用电话的号码,如果电话卡点数不够,可以请对方拨打这个电话号码!

拨打对方付费电话号码

免费紧急电话

移动电话越来越普及,使得公用电话亭的数量越来越少。在法国找公用电话亭,需要有点耐心。

上网

法国的网络虽然非常普及，但针对短期在法国的游客，却没有方便而便宜的方案。好在法国各处的酒店、餐厅或麦当劳皆有免费的 Wi-Fi 上网服务，可以补此不足。

如果预计在法国停留超过 1 个月，在当地买一张电信 SIM 卡会比较方便。法国电信 Orange 的储值型 (Mobicarte) 开卡等待期约 48 小时，可依需求选择储值金额。如果只有 Wi-Fi 的上网需求，可在法国电信 Orange 的网站上以网上付款的方式购买 Wi-Fi 预购金额。跟着步骤启用即可（请见右栏说明）。

哪里可以上网

餐厅：由于网络普及，许多咖啡厅或快餐店（如麦当劳），开始提供免费无线上网 (Wi-Fi Gratuit/Free)。只要将笔记本电脑或智能手机的无线功能开启，就可直接无线上网；有些须询问服务生上网的账号密码。但法国的咖啡厅和麦当劳是不提供插座的，记得将手机和电脑充好电。

酒店：一般酒店提供免费 Wi-Fi 服务，但部分高级酒店需外收费。订房时，请先确认。

网吧：收费15分钟1€、30分钟1.80€、1小时2.50€。法国网吧不像国内那么普遍，但在大都市还是找得到。附有中文输入法的网吧大都以拼音为主要输入设定；想使用注音输入法，须先询问网吧柜台是否愿意变更输入法。

公共场合：巴黎市政府为了把巴黎打造成无线之城，提供名为"Wi-Fi Paris"的免费无线上网服务。许多公共场所，例如香榭丽舍大街上、蓬皮杜艺术中心广场前、市立图书馆或是公园内，都提供免费的无线上网服务。如果在外省，可直接询问游客中心哪里有网吧或 Wi-Fi 可使用。

无线上网小提醒

大城市四处可接收无线 Wi-Fi 网络，有些需付费，有些则完全免费 (Gratuit)；但无论付费与否，都必须输入一些基本资料。选择网域后，打开浏览器，在显示登入连线 (connexion) 或使用条款同意书上钩选同意 (J'accepte)，才可正常上网。

巴黎的网络咖啡店

La Baguenaude
W www.labaguenaude.com
⌂ 30, rue de la Grande Truanderie 75001
☎ 01-40-26-27-74
🚇 搭乘地铁4号线至 Etienne Marcel 站。

预付 Wi-Fi 网上买

法国电信推出了以计时方式计费的 Wi-Fi 预付方案，只要先上网购买预付点数，就可以在法国随时使用 Wi-Fi 啰。
W www.orange-wifi.com

预付 Wi-Fi 方案

时间	计时方式	费用
30 分钟	当天买需当天使用	1.5 欧元
1 小时	第一次使用起计，30 天内需用完	4.5 欧元
10 小时	第一次使用起计，30 天内需用完	15 欧元
24 小时	第一次使用起计，可连续上网 24 小时	9.9 欧元
1 个月	第一次使用起计，可连续上网 1 个月，禁用网络电话软件	19.9 欧元

使用方式

1. 进入主网站后，点击 Pass wifi。
2. 选择方案：进入付费页面，勾选同意协定 (j'ai lu et j'accepte)，按确认 (Valider)。
3. 填写基本资料与电子信箱，选择寄密码至手机，再选择国家、填入手机号码，按确认 (Valider)。
4. 填入付费信用卡号资料，按确认 (Valider)。
5. 会出现你的账号与密码，请用拷贝方式记下，再按关闭 (Fermer)。
6. 手机和信箱都会收到确认信。
7. 以手机或笔记本电脑搜寻 Orange Wi-Fi 网域，或是打开浏览器会自动出现登录页面，点选后输入账号与密码即可上网。也可以直接下载 Orange 的 App 寻找 Wi-Fi 上网热点。

Traveling in France

通信篇

邮寄

- W www.laposte.fr
- 大城市周一至周五 08:00～20:00，周六 09:00～13:00
- 小乡镇周一至周五 09:00～18:00，周六 09:00～12:00

邮局服务项目

邮局的法文为"La Poste"，标志为鲜黄色与蓝色，Logo 如一只飞鸽，非常好认。

邮局提供的业务相当多，除了邮寄信件、包裹外，也提供上网和复印，金融事务是邮局的常态服务项目之一，比较大的邮局甚至还提供兑换外币的服务。

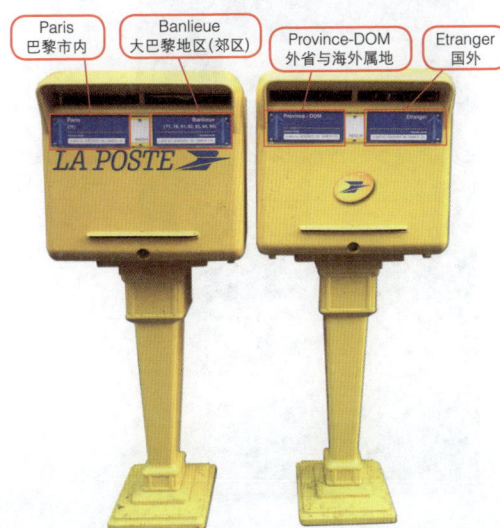

邮寄信件与包裹

包裹便利盒

一般寄往中国的明信片或信件（约2张信纸20克），需要0.98欧元的邮资。因为邮局的业务众多，常有排长队的情况出现，如果不想排队，除了邮局，烟草店(Tabac)也出售邮票。邮局里大都设有邮票自动售卖机，且提供多国语言的操作界面；但这种邮资贴纸缺乏邮票的美感，想要贴美美的邮票还是乖乖排队吧！

包裹与信件的寄达方式分快速件或限时件(le service PRIORITAIRE)，价格较高，寄达时间6～7天；另一种是经济型，也就是平信(le service ECONOMIQUE)，寄达时间10～12个工作日。还有一种更快速地邮寄包裹的服务为国际快件(Chronopost International)：依需求购买不同重量的包裹便利盒，将纸盒折好不需胶带，填好通信单之后就可直接交给邮局寄送，只要3～4天就可寄达。

法国邮局也出售专门寄往国外的套票信封(Enveloppe 20g Monde Entier)，通常是10个信封为一组一起出售，价格会比单独买邮票便宜，且封套的设计常具有纪念价值。邮局民营化之后，服务项目变得五花八门，除了邮政业务，也不定期推出值得收藏的相关商品，这些可是只有在邮局买得到的纪念商品哦！

巴黎邮政总局
位于巴黎罗浮宫旁的巴黎邮政总局几乎24小时开着，周日也营业，如有急需邮政服务，可随时前往。
- 52 rue du Louvre, 75001 Paris
- 每日 07:30 至次日 06:00
- 36-31（免费电话）
- 搭地铁 1 号线至 Louvre-Rivoli 站。

地址的正确写法

正确地填写邮件地址,可让邮件快速送达。如果不是挂号信或包裹,一般的信件或明信片上,收信人和地址是可直接填写中文的,但切记一定要用英文大写写上收信国家如CHINA,信才不会寄丢。

信件地址正确的写法

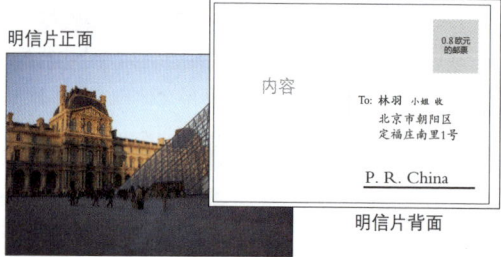

明信片正面

明信片背面

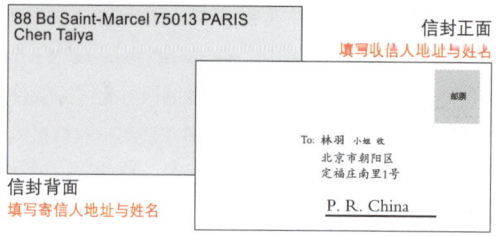

信封背面
填写寄信人地址与姓名

信封正面
填写收信人地址与姓名

包裹单据的写法

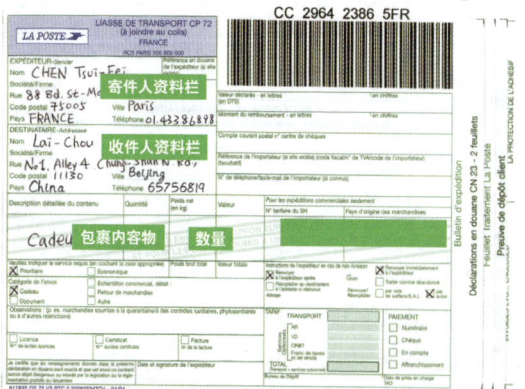

自动售卖机的使用步骤

 将邮件或包裹放到机器上称重量

 再依画面指示选择

直接在触控屏幕上选择界面语言,再选择"Envoyer une lettre à l'étranger"(寄信至海外)之后,选择"Asie"(亚洲),再按"Payer"(付钱)之后,使用零钱或信用卡(需有芯片及六位数密码)付费。

 取邮资贴条

付费确认之后,在机器的下方就会掉下一张标示邮资的贴纸,把它贴在信件上就可以寄了。

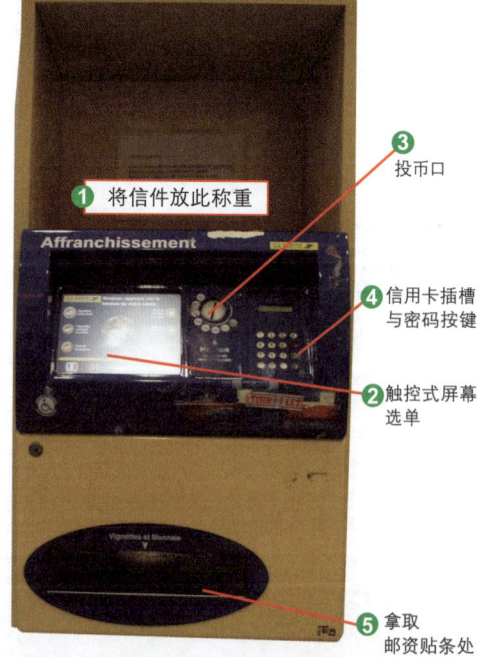

❶ 将信件放此称重
❸ 投币口
❹ 信用卡插槽与密码按键
❷ 触控式屏幕选单
❺ 拿取邮资贴条处

邮寄重量与价钱一览表

包裹的邮寄单填写方式跟国内大致相同，详细单词说明请查阅应用法文。如果是寄送重要物品，需特别跟柜台说明，并购买额外的保险。Colissimo Emballage 的便利盒是附带邮资的，买来只要放入寄送物，填好资料就可交给柜台寄送了。无论是哪一种容量的纸箱，重量最多都可至7公斤，且2～3天即可送达。

表格整理：陈翠霏

Colissimo Emballage 包裹便利盒	
容量＋体积	亚洲地区
L 容量纸箱 (315x210x157 毫米)	39.80€
XL 容量纸箱 (383x250x195 毫米)	46.75€
单瓶装专用纸箱 (390x168x104 毫米)	34.10€

＊资料时有变动，请依最新公告为准。

一般信件与包裹的价格							
重量（克）	20	50	100	250	500	1000	1500	2000
亚洲地区	0.98€	1.78€	2.40€	5.65€	7.40€	10.85€	17€	17€

应用法语

应用单词

exprès 限时专送
lettre recommandée 挂号信
paquet 包裹
par avion 航空
téléphone 电话
P.C.V. 对方付费电话
cabine téléphonique 公用电话亭

téléphone international 国际电话
portable 手机
télécarte 电话卡
expéditeur 寄件人
destinataire 收件人
adresse 地址
carte postale 明信片

Enveloppe 信封
nom 姓名
rue 街／路
code postal 邮政编码
ville 城市
pays 国家
timbre 邮票

实用会话

Je voudrais acheter une Télécarte de 120 / 50 unités.
我想要买一张120/50点的电话卡。

Où est la cabine téléphonique la plus proche ?
最近的公用电话亭在哪里？

Je cherche une cabine téléphonique ?
公用电话在哪里？

Veuillez me dire comment faire pour utiliser ce téléphone ?
可以告诉我怎么用这个电话吗？

Je veux téléphoner à l'étranger.
我要打国际电话。

Je voudrais l'appeler en P.C.V.
我想要打对方付费电话。

Où est le bureau de poste / la boîte aux lettres ?
请问，邮局／邮筒在哪里？

A quelle heure le bureau de poste ouvre / ferme ?
请问，邮局几点开门／关门？

Je voudrais envoyer ce/cette ~ .
我想要寄这个____。

Je voudrais acheter un carton.
我想要买装包裹的纸箱。

Je voudrais envoyer cette lettre / ce paquet à Beijing.
我想把这封信／包裹寄到北京。

Je voudrais envoyer cette lettre par avion / bateau.
我想以空运／海运寄这封信。

Pouvez-vous l'envoyer en exprès ?
可以用快递寄吗？

Veuillez envoyer ce paquet en recommandé.
请用挂号寄这个包裹。

开始在法国
自助旅行

应变篇
EMERGENCIES

遇到紧急情况时怎么办

在法国旅行，浪漫归浪漫，有些事情还是小心点好。

重要物品遗失怎么办	150
护照遗失怎么办	150
信用卡遗失怎么办	150
机票遗失怎么办、钱被偷怎么办	151
物品遗失及东西被抢怎么办	152
旅行支票遗失怎么办	152
生病或发生意外怎么办	153
生病、身体不舒服怎么办	153
旅行法国安全注意事项	154
安全守则	154
热门案例	154
紧急法语	155
内急也是一种紧急事件	155
哪里可以找到厕所	155
应用法语	157
救命小纸条	158

重要物品遗失怎么办

护照遗失怎么办
Passeport perdu

Step 1　马上至警察局报案

向当地警察机关报案，并记得索取报案证明(Police Report)。如果不知道当地的警局(Préfecture de Police/Commissariat de Police)在哪里，可询问附近的商家。

Step 2　申请补发

持报案证明向当地的我国驻法国大使馆领事处申请补发护照。所需的文件为报案证明、2寸照片2张、费用33欧元。需亲自办理。如果有护照复印件，应提供以备核查。

护照遗失这里办

中国驻法国大使馆领事处
- 20, rue de Washington, 75008 Paris（巴黎八区华盛顿街20号）
- 0179970339（签证业务）
  0033-153758840 或 0033-615742537（领事保护）
- pariscentre@visaforchina.org（签证业务）
  lingbao@amb-chine.fr（领事保护）
- 乘坐地铁1号线在乔治五世站(Station George V)下车，从香榭丽舍大街出口（Sortie Avenue Champs Elysées）出站后，向协和广场方向前行20米即可进入华盛顿街，再前行150米即到领事部。

Préfecture Police Paris 法国巴黎警署
- www.prefecture-police-paris.interieur.gouv.fr
- 9, Bd du Palais 75004 Paris
- 01-53-71-53-71
- 搭地铁4号线至Cité站，步行约2分钟。

信用卡遗失怎么办
Carte Bleue perdue ou vole

Step 1　立刻打挂失电话

立刻打电话至发卡银行24小时服务中心挂失；若担心语言不通，就打有中文的服务电话，或打回家请家人挂失。有些信用卡公司会要求报案证明(Police Report)，最好在打挂失电话时一并问清楚，让申请理赔时间缩短些。如果身上没钱，就尽量使用免付费电话。

 Step 2　申请补发

挂失后，如果旅行行程还很长，需要用到信用卡，就必须问清楚补发卡的手续及需花费的时间，并留下在法国的联络电话。

各家信用卡挂失

以下的电话号码以从法国拨打出去为主。
＊表示有中文服务的对方付费电话。

万事达卡（Mastecard）
法国：01-45-67-53-53　免付费：0800-901-387

维萨卡（Visa）
法国：01-42-77-45-45 / 08-92-70-57-05
免付费：0800-908-852(英语) / 0800-908-852(其他语言)
　　　(612)9251-3704＊/ (1)65-6345-1345＊

大来卡（Diner's club）
法国：01-47-62-75-75　免付费：0810-314-159 / 0820-820-143

美国运通卡（American Express）
法国：01-47-77-72-00
免付费：886-02-2100-1266＊/ 886-02-2719-0606＊
　　　886-02-2326-6791＊

日本JCB卡
法国：01-42-86-06-01
免付费：0800-058-111 / 886-2-2531-0088＊

花旗银行（Citibank）
法国：0800-903792

＊资料时有变动，出发前请上网再次确认。

机票遗失怎么办
Billet d'avion perdu

电子机票：可请航空公司把电子机票寄到电子信箱，请饭店帮忙打印。

实体机票：需联络所搭乘的航空公司当地办事处，登记挂失机票，并要求给你一份机票遗失申请表（Lost Ticket Form），并自己留存一份复印件，再由航空公司补发（Re-issue）遗失的机票。大部分的航空公司会当场要求乘客先重新买票，等回国后再以办理退票的方式申请退费，但有些特惠或套装行程的机票通常是无法退票的。

钱被偷怎么办
Argent perdu

先联络当地的中国驻法国大使馆请求帮助，或找当地西联汇款（Western Union）服务点，请国内的亲友以西联汇款的方式汇钱至当地的服务点。汇款后，请亲友告知你密码，即可以密码和护照提领现金。最快在几个小时内就可汇到。记得告知亲友收款人的姓名（需和护照上的英文相同）。

善用智能手机的应用程序联系
如果需要紧急联络家人或朋友，可先在手机上安装几个常用的电信软件，如 Line、Skype、WeChat 或是 What's App，不然也可以 QQ、微信和朋友取得联系。万一手机失窃或不见，也可以请路人帮忙借用手机，第一时间与朋友家人取得联系或向大使馆紧急求助，通常陌生人是愿意借手机的。

机票遗失这里办

各航空公司在法国巴黎的联络或办事处。

中国国际航空公司（Air China）
☎ 01 42 66 16 58
📠 01 47 42 67 63
🏢 10 Bd. Malesherbes, 75008 Paris

中国东方航空公司（China Eastern）
☎ 01 44 86 03 00
📠 01 44 86 08 68 15
🏢 20 Avenue de l'Opéra, 75001 Paris

中国南方航空公司（China Southern）
☎ 01 53 67 99 99
📠 01 49 52 06 06
🏢 125 Avenue des Champs-Elysees, 75008 Paris

国泰航空（Cathay Pacific）
☎ 01-48-16-75-95（机场电话）
　01-41-43-75-75（订位电话）
📠 01-41-43-75-72
🏢 8, rue de l'Hôtel de Ville, 92522 Neuilly Sur Seine

新加坡航空（Singapore Airlines）
☎ 0821-230-380、01-53-65-79-01
📠 01-53-65-79-05
🏢 43, rue Boissière, 75116 Paris

泰国航空（Thai Airways）
☎ 01-44-20-70-80
📠 01-45-63-75-69
🏢 23 av des Champs Élysées, 75008 Paris

马来西亚航空（Malaysia Airlines）
☎ 01-44-50-15-00
📠 01-44-50-15-09
🏢 10, rue de la Paix, 75002 Paris

荷兰皇家航空（KLM）
☎ 08-90-71-12-31
📠 01-42-65-99-02
🏢 37, rue Caumartin, 75009 Paris

瑞士航空（Swiss Air Lines）
☎ 08-20-04-05-06
🏢 Aéroport Charles de Gaulle Terminal 2B, 95 715 Roissy

＊资料时有变动，出发请上网再次确认。

Traveling in France — 应变篇

物品遗失及东西被抢怎么办
Objets perdus ou volés

若是在大众运输工具上遗失，请联络法国地铁公司；若在火车上，就直接在下车的火车站询问处询问；如果是在路上不见，那就去巴黎的失物招领处碰碰运气吧！如果是被抢或被偷，先到当地的警察局报案。

失物怎么找回

巴黎失物招领处（Bureau des objets trouvés）
- 36, rue des Morillons 75015 paris
- 0821-00-25-25(0.12 €/ 分钟)
- 周一至周四 08:30～17:00，周五 08:30～16:30
- Convention 站。

巴黎地铁 RATP
- 3246(付费电话每分钟0.34欧元)，如果超过72小时以上，就需联络上述的巴黎失物招领处。

旅行支票遗失怎么办
Chèques de voyage perdus

 马上电话挂失

买旅行支票时出具的单据上，都注明了挂失电话号码及详细说明，可依照指示进行求偿事宜。也可找旅行支票发行的公司处理，如果是维萨（VISA）的旅行支票需找花旗银行，如果是万事达（Master Card）的则找通济隆公司(Thomas Cook)询问。

 申请补发

带着护照、买支票的税单、剩余支票的号码，到当地的旅行支票发行公司或代办处办理挂失止付，就可当场补发旅行支票。如果在当地无法办理补发，回国后就需凭单据及挂失凭证向原购买银行申请理赔补发。

旅行支票挂失电话

维萨（VISA）旅行支票
免付费挂失电话：0800-904-349

美国运通旅行支票
免付费挂失电话：0800-832-820

美国运通旅行支票
全球理赔服务专线：0800-832-820

＊资料时有变动，出发前请上网再次确认。

小角落大发现

保留旧有的建筑及装饰，一直是巴黎的特色。这个以前会喷水的小喷泉，虽然已丧失功用，但装饰性还蛮强的。至今巴黎还常看得见这种喷泉，安静地待在角落里，口干舌燥。

记不记得在《红》《蓝》《白》的电影里，总是会有一个老婆婆往这个大桶里丢东西？这是酒瓶的回收桶，把酒瓶往洞里一塞，就会发出清脆的玻璃碎裂声哦！

这是什么？巴黎人爱狗是出名的，但让狗进入面包店，老板可不是很愿意，所以许多面包店在门口都会设这种小钩子。狗主人买面包时，可以把狗拴在门口，让小狗等主人带着香喷喷的面包出来。

生病或发生意外怎么办

应变篇

出国前，先询问信用卡及保险公司的海外紧急救助服务电话是必要的；如果没有这些资讯，也可以给中国驻法国大使馆打电话，号码是：0033-153758840 或 0033-615742537。

生病、身体不舒服怎么办
Problèmes de santé et soins

到气候不同的国度旅行，最容易出现水土不服的状况，可准备一些药品随身备用。在法国要买成药怎么办? 只要到药店告诉药剂师症状，药剂师就会推荐药品给你。如遇关门，药店门口会张贴附近的就医资讯，仔细看就可找到就近的24小时营业的药店。若需要马上就医，也可到药店请药剂师帮你找最近的医生就医。

另外，求助下榻酒店也是较快速的一种方式。酒店对游客生病的处理方式较有经验，能尽速找到会说英语的医师。

如果有必要就医，在结束疗程后，也别忘了向医师申请诊断证明(a medical certificate)和医疗费用收据(a detailed account)；如果发生意外事故而就医，也别忘了向警局索取意外事故证明(accident report)，以便于回国后申请保险理赔。

法国医院的急诊室并不像国内的急诊室那么快速，除非是昏迷或严重意外，否则急诊室等诊的时间可能会两小时以上甚至更久。身体一出现异常，可直接至一般的药店询问，或请酒店帮忙打电话给当地私人诊所的医生约诊。

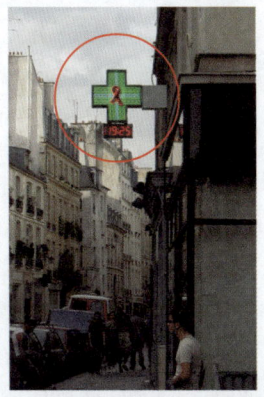

玛黑区是有名的同性恋活动区，这里的西药房也当然肩负防治艾滋病的责任。有这个标志的西药房会提供一切与艾滋病相关的资讯与咨询服务。

法国家庭常见药品

以下皆不需处方，且一般药店都会有。

Doliprane: 消除疼痛(douleurs)，例如牙痛、生理痛、轻微感冒，以及发烧(fire)等，分粉状(poudre orale)、颗粒，或是水溶气泡式。

Ultra-levure: 治疗腹泻(diarrhs)及肚子痛。

Actifed Rhume: 治疗感冒流鼻涕。

Syrup或Strefen: 治疗感冒喉咙痛，有两种，有痰(toux gras)或是无痰(touxshe)，分儿童及成人服用两种。

Dexeryl: 皮肤保湿乳液，法国许多医师推荐。

Biafine: 针对烧伤、烫伤或晒伤的急救乳膏。

 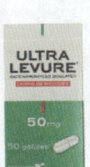  

全法紧急医疗资讯网
W www.sosmedecins.com/index.php/pharmacies-de-garde

可查询全法国的药房及医院资讯。上网站后，可直接点选语言翻译网页。

信用卡紧急救助

维萨（VISA）海外紧急救助对方付费服务电话
☎ 0080-1-444-123(中文服务专线)

万事达（MasterCard）海外紧急救助对方付费服务电话
☎ 00-1-636-722-7111
(接通后，以英文说Mandrine转中文服务专线。)

＊资料时有变动，出发前请上网再次确认。

旅行法国安全注意事项

安全守则
Sécurité

1. 夜间搭地铁挑人多的车厢
最好找人多或有女性的车厢，尤其往郊区的快速铁路（RER）线。如果真的太晚，还是坐出租车最安全。

2. 人多手杂，切记防扒
钱与证件尽量分开放，包包若需放在地上，最好放在两脚之间夹住。越靠近旅游景点，扒手越多，尤其在地铁里。等车尽量往墙边站。上车时，将包包往胸前放，因为扒手会利用推挤的方式转移你的注意力，后面的扒手再趁机行窃。

包包用双脚夹住，降低失窃风险

3. 遭抢先保命
以人身安全为第一要务，遇到强抢者不要逞强，毕竟自身安全比什么都重要。

4. 财不外露
开车时，不要把包包放在右边的座椅上或明显处；下车时，记得车内净空，把行李和重要物品放后车厢较安全。

5. 不舒服找店家最安全
万一在路上身体不舒服、撑不住，可找最近的店家帮忙。

法国紧急电话

在法国遇到紧急情况，无论是公共电话或手机，都可直接拿起电话拨打：
- 欧洲通用急救：112
- 医疗急救救护车（SAMU）：15
- 警察援救：17
- 火警消防：18
- SOS 医生急救中心：36 24（0.12 €/ 分钟）
- SOS 牙医急救中心：01-43-37-51-00
- 中毒治疗中心：01-40-05-48-48

巴黎旅游局中文安全手册下载：
helloparis.free.fr/france/guide_paris_Chinois.pdf

热门案例
Comment

地铁抢劫手机
近来，在地铁里发生多起抢劫智能手机的案件。歹徒利用地铁关门的最后一刻，把手机或包包抢走，让人措手不及。

发传单，摸手机
在餐厅、咖啡馆里时常发生。几位年轻人走进来，拿着让人看不懂的传单给人看，当你专注地看传单时，桌上的手机便会被偷走。

趁取餐时行窃
小偷潜入高级饭店的餐厅内，趁客人用早餐取食时偷取包包。因为餐厅属公共区域，饭店无法审核出入的客人，所以即使在高级饭店用早餐时，贵重物品还是要随身带好。

Traveling in France

紧急法语

应变篇

法国的警察局外观并不明显，标示看板也不会很大，找警察局的最快方法是问当地店家。Préfecture de Police是警察局，Commissariat de Police则是分局

中文	法文	中文发音与英文
救命！	Au secours !!	(欧-舍-故-呵) Help !
非常紧急！	C'est urgent !	(塞-淤喝炯) It's emergency !
住手！	Arrétez !	(阿-黑-戴) Stop it !
小偷！	Au voleur !	(欧-Vo-了) A robber !
把他抓住！	Arrétez-le !	(阿-黑-戴-了) catch him !
走开！	Allez-vous en !	(阿-雷-浮-脏) Get out here!
请叫警察来！	Appelez la police !	(阿-贝-雷-啦 普立斯) Call the police!

绑幸运带后，狮子大开口

在旅游景点附近的马路上，有些非裔男孩会笑容满面地说要帮你绑非洲传统幸运带，绑好后才索取不合理的价格；除非在绑之前就说好价钱，否则就只能随他开价了。所以，不要随便伸手让人绑幸运带。

干扰提钱，趁机盗领

在街上的提款机取钱时，歹徒利用小孩或年轻人干扰你提款；即使按取消退卡，还是有被盗领的可能。取钱时，最好有同伴陪同。

内急也是一种紧急事件

法国的厕所只有一个单词，就是"Toilettes"。很多人来法国都抱怨厕所太难找！难道法国人不用常跑厕所吗？的确，在法国，厕所不像国内那么普遍。平时在酒店或餐厅就要多利用，出门在外找厕所就要多留意啰！

哪里可以找到厕所
Où trouver des toilettes

快餐店

快餐店如麦当劳是最方便的地方了。冲进去找厕所，看到门上锁可别傻眼！自从快餐店曾被放置炸弹后，几乎所有的快餐店都将厕所上了号码锁，密码就在消费的收据上。如果不想消费，可等里面的人出来时顺便进去，或是询问服务人员，通常他们都愿意告诉你密码。

购物商场与百货公司

找大型的豪华饭店，进门后直接问柜台或看指标找厕所。大型购物商场或百货公司都有厕所，但少数的购物中心需付费。不过，付费的厕所都相当干净。

热门景点

像圣母院或美术馆都附有厕所，而且免费。一般外省的观光景点也都设有免费的公共厕所。

餐厅与咖啡厅

只提供给店里的消费者,有时需要先向服务生要厕所的投币代币。如果没在店内消费,通常要付费。有时向服务生询问借厕所:"Puis-je emprunter les toilettes?"服务生会允许;但热门旅游景点的咖啡厅就不太愿意啰!如果咖啡厅一定要消费才愿意出借厕所,可在咖啡厅的吧台点杯浓缩咖啡(expresso),价格约1欧元,不到坐着喝咖啡价钱的一半。

高速公路休息站与露天厕所

高速公路上大小休息站都有厕所。冬天最好找有餐饮服务的休息站,厕所设备较现代化,因为小休息站没有暖气设备,温度在零下时上厕所可是很难受的。法国人也常常上露天的自然厕所,只要行驶省道就无法避免地要灌溉大自然,最好找森林小径作掩护。

巴黎公共厕所也设计了专为残障人士设计的厕所,侧面清楚地标示公厕所在位置以及其他公厕与Velib'自行车站的详细位置。

巴黎路边的免费公共厕所亭

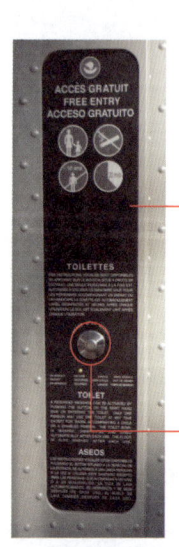

使用中
可使用
正在清洗

免费公厕的使用说明

注意事项
- 禁止10岁以下儿童单独使用;
- 禁止在厕所里吸烟;
- 儿童使用需有大人陪伴;
- 使用时间限制为15分钟。

厕所注意事项

- **看标示**:法国厕所男士女士的法文标示是:女士"Madame"或"Femme",男士"Monsieur"或"Homme"。有时也会是男女共用。
- **别插队**:如果要排队上厕所,千万别插队哦!大家可能会一起指责你。

应用法语

应用单词

- pickpocket 扒手
- objets de valeur 贵重物品
- argent liquide 现金
- portefeuille 皮夹
- sac 皮包
- carte de crédit 信用卡

- passeport 护照
- mal à la tête 头痛
- mal aux dents 牙痛
- mal à l'estomac 胃痛
- mal à la gorge 喉咙痛
- mal au cœur 恶心

- tension 血压
- ordonnance 处方
- pharmacie 药房
- hôpital 医院
- médecin 医生
- médecin général 内科

- chirurgien 外科
- dentiste 牙科
- dermatologue 皮肤科
- pédiatre 小儿科
- gynécologue 妇科
- urgence 紧急

实用会话

J'ai perdu mon portefeuille.
我的皮夹丢了。

On m'a volé.
我被抢了。

J'ai tout perdu.
我什么都没有了。

mon portefeuille / sac a été volé.
我的皮夹 / 皮包被偷了。

J'ai perdu mon portefeuille avec ma carte de crédit.
我的皮夹与信用卡遗失了。

J'ai perdu mon billet d'avion.
我的机票遗失了。

Hier j'ai oublié mon/ma_____.
昨天我忘了我的_____。

J'ai laissé mon/ma_____.
我把我的_____忘在这里了。

Avez-vous trouvé mon/ma_____ ?
您有没找到/看到我的_____？

Où est le bureau des objets trouves ?
失物招领处在哪里？

Est-ce que je peux avoir un Police Report.
可否给我一份报案证明？

Est-ce que je peux avoir un déclaration d'accident / de vol ?
可否给我一份意外 / 失窃 证明书？

mon portefeuille est volée.
我的皮夹被偷了。

Où est le poste de police ?
警察局在哪里？

Veuillez annuler ma carte de crédit.
请将我的信用卡挂失。

Le numéro de ma carte de crédit est _____.
我的信用卡卡号为 ___ 。

J'ai perdu mes chèques de voyage.
我的旅行支票遗失了。

Est-ce que vous pouvez me les émettre de nouveau ?
是否可以申请补发？

C'est la copie d'un certificat d'achat.
这是我买(旅行支票)的单据复印件。

Je n'ai pas encore signer.
我还没在签名栏签名。

Il y a eu un accident !
发生意外了！

Il y a eu un accident !
发生火警了！

Quelqu'un est blessé !
有人受伤了！

Appelez la police !
快叫警察！

Je sens des aiguilles.
我感到刺痛。

Appelez une ambulance !
快叫救护车！

Je suis du groupe sanguin O.
我是O型血。

Je tousse / crache.
我咳嗽 / 有痰。

Mon nez coule.
流鼻涕。

J'ai mal ici.
我这里痛。

Je me suis tordu la cheville.
我扭伤脚踝。

Je me sens beaucoup mieux.
我感觉好多了。

Je ne me sens pas bien.
我不舒服。

Pouvez-vous me prendre un rendez-vous chez le médecin ?
可否帮我向医师挂号？

Je suis enrhumé / cardiaque / diabétique / malade.
我 感冒了 / 有心脏病 / 有糖尿病 / 生病了。

J'ai de la fièvre.
我发烧了。

J'ai de l'asthme.
我有哮喘。

救命小纸条

提醒您，请以英文填写

个人紧急联络卡（**Personal Emergency Contact Information**）
您可以填写下列简单资料，一并打印，随身携带。

- 姓名（Name）：
- 年龄（Age）：
- 血型（Blood Type）：
- 护照号码（Passport No）：
- 信用卡号码：
- 海外挂失电话：
- 旅行支票号码：
- 海外挂失电话：
- 紧急联络人(1)［Emergency Contact (1)］：
- 联络电话（Tel）：
- 紧急联络人(2)［Emergency Contact (2)］：
- 联络电话（Tel）：
- 中国地址（Home Add）：（填写退税单时，需要英文地址）
- 投宿酒店：
- 酒店电话：
- 酒店地址：
- 航空公司法国订位电话：
- 行李箱密码：

法国救命电话随身带

* 医疗急救（**SAMU**）：15   警方求救：17   消防求救：18   欧洲紧急救助：112

* 中国驻法国大使馆领事部　电话：0033-153758840 或 0033-615742537
* 如何拨回中国：国际冠码(00) + 中国国家代码(86) + 区域号码(去0) + 用户电话号码

北京市版权局著作权合同登记图字：01-2014-0711
策划编辑：陈凤玲
责任编辑：巨瑛梅

图书在版编目（CIP）数据

开始在法国自助旅行 / 陈翠霏编著、摄. — 北京：旅游教育出版社，2015.4

（快意畅游）

ISBN 978-7-5637-3149-7

Ⅰ．①开… Ⅱ．①陈… Ⅲ．旅游指南—法国 Ⅳ．①K956.59

中国版本图书馆CIP数据核字（2015）第068054号

《開始在法國自助旅行》
中文简体版©2015由旅游教育出版社发行
本书由台湾太雅出版有限公司通过安伯文化事业有限公司授权旅游教育出版社在中国大陆独家发行中文简体字版本。
非经书面同意，不得以任何形式任意重制、转载。

开始在法国自助旅行

陈翠霏 编著/摄影

出版单位：	旅游教育出版社
地　　址：	北京市朝阳区定福庄南里1号
邮　　编：	100024
发行电话：	（010）65778403 65728372 65767462（传真）
E-mail：	tepfx@163.com
排版单位：	北京旅教文化传播有限公司
印刷单位：	北京利丰雅高长城印刷有限公司
经销单位：	新华书店
开　　本：	787毫米×960毫米　1/16
印　　张：	10
字　　数：	165千字
版　　次：	2015年4月第1版
印　　次：	2015年4月第1次印刷
定　　价：	36.00元

（图书如有装订差错请与发行部联系）